BESTACTIVITYBOOKS.COM

EERSTE EDITIE - Gepubliceerd in 2022

Extra grafisch materiaal van: www.freepik.com
Dank aan: Alekksall, Starline, Pch.vector, Rawpixel.com, Vectorpocket, Dgim-studio, Upklyak, Macrovector, Stockgiu, Pikisuperstar & Freepik.com Designers

5 TIPS OM TE BEGINNEN!

1) HOE OP TE LOSSEN

De Puzzels zijn in een Klassiek Formaat:

- Woorden worden verborgen zonder pauzes (geen spaties, streepjes, ...)
- Oriëntatie: Voorwaarts & Achterwaarts, Boven & Beneden of in Diagonaal (kan in beide richtingen)
- Woorden kunnen elkaar overlappen of kruisen

2) ACTIEF LEREN

Naast elk woord is een spatie voorzien om de vertaling te noteren. Om actief te leren vindt u een **WOORDENBOEK** aan het einde van deze editie om uw kennis te controleren en uit te breiden. U kunt elke vertaling opzoeken en opschrijven, de woorden in de puzzel vinden en ze vervolgens aan uw woordenschat toevoegen!

3) TAG JE WOORDEN

Hebt u al geprobeerd een labelsysteem te gebruiken? U zou bijvoorbeeld de woorden die moeilijk te vinden waren kunnen markeren met een kruis, de woorden die u leuk vond met een ster, nieuwe woorden met een driehoek, zeldzame woorden met een ruit enzovoort...

4) ORGANISEER UW LEREN

Wij bieden ook een handig **NOTITIEBOEKJE** aan het eind van deze uitgave. Of u nu op vakantie, op reis of thuis bent, u kunt uw nieuwe kennis gemakkelijk ordenen zonder dat u een tweede notitieboek nodig hebt!

5) AFGESLOTEN?

Ga naar de bonussectie: **FINAAL UITDAGING** om een gratis spel te vinden dat aan het einde van deze editie wordt aangeboden!

Wil je meer leuke en leerzame activiteiten? Het is **Snel en Eenvoudig!**
Een hele collectie spelboeken slechts **één klik verwijderd!**

Vind uw volgende uitdaging bij:

BestActivityBooks.com/MijnVolgendeBoek

Klaar... Start!

Wist u dat er zo'n 7000 verschillende talen in de wereld zijn? Woorden zijn kostbaar.

We houden van talen en hebben hard gewerkt om de boeken van de hoogste kwaliteit voor u te maken. Onze ingrediënten?

Een selectie van onmisbare leerthema's, drie grote plakken plezier, dan voegen we er een lepel moeilijke woorden en een snuifje zeldzame woorden aan toe. We serveren ze met zorg en een maximum aan verrukking, zodat je de beste woordspelletjes kunt oplossen en veel plezier beleeft aan het leren!

Uw feedback is essentieel. U kunt een actieve bijdrage leveren aan het succes van dit boek door een recensie achter te laten. Vertel ons wat u het meest beviel in deze editie!

Hier is een korte link die u naar uw bestelpagina brengt:

BestBooksActivity.com/Recensies50

Bedankt voor uw hulp en veel plezier met het spel!

Linguas Classics

1 - Metingen

Z	V	L	S	F	D	V	O	L	U	M	E	N	S	W
G	P	A	V	I	I	E	K	I	L	O	G	R	A	M
Y	L	U	E	I	H	S	C	I	B	L	P	E	Z	Z
D	K	W	Đ	B	V	F	T	I	W	T	W	P	D	M
T	G	G	S	V	N	J	N	S	M	A	R	G	I	M
G	S	Z	J	Č	V	G	N	U	W	A	N	O	T	A
D	U	B	I	N	A	T	U	N	I	M	L	R	B	S
C	E	N	T	I	M	E	T	A	R	O	L	A	J	A
I	G	W	R	J	N	A	P	U	T	S	Đ	T	M	N
D	D	B	Z	V	A	Š	I	R	I	N	A	E	E	I
W	A	Đ	W	T	S	B	B	S	J	Z	N	M	T	Ž
U	U	O	N	J	O	Đ	S	Đ	I	J	I	O	A	E
T	A	N	I	S	I	V	K	B	V	E	Ž	L	R	T
D	O	U	C	B	L	G	G	C	I	U	U	I	R	S
F	I	E	R	A	L	I	T	R	A	O	D	K	H	H

ŠIRINA
BAJT
CENTIMETAR
DECIMALA
DUBINA
TEŽINA
STUPANJ
GRAM
VISINA
INČ
KILOGRAM
KILOMETAR
DUŽINA
LITRA
MASA
METAR
MINUTA
UNCA
TONA
VOLUMEN

2 - Opwarming van de Aarde

O	A	I	Y	C	R	V	T	A	K	I	P	E	C	T
Đ	F	R	N	G	I	L	E	J	R	E	O	K	G	G
Z	Đ	R	K	B	B	A	M	I	I	N	S	O	Đ	E
A	A	D	I	T	U	D	P	R	Z	E	L	L	Y	N
L	J	U	D	I	I	A	E	T	A	R	J	O	N	E
G	N	O	A	N	P	K	R	S	J	G	E	Š	N	R
K	Đ	Z	V	G	G	M	A	U	N	I	D	K	C	A
E	H	V	V	Z	W	C	T	D	Ž	J	I	I	M	C
K	L	I	M	A	A	L	U	N	A	A	C	P	Z	I
F	G	E	R	J	O	R	R	I	P	S	E	E	C	J
K	R	W	N	C	Đ	E	E	P	O	D	A	C	I	E
B	U	D	U	Ć	N	O	S	T	C	R	T	Z	Y	S
Z	N	A	N	S	T	V	E	N	I	K	H	N	D	P
M	E	Đ	U	N	A	R	O	D	N	I	N	C	J	V
Đ	D	G	O	J	M	L	P	L	I	N	Đ	U	L	D

PAŽNJA
ARKTIK
KRIZA
ENERGIJA
PLIN
PODACI
GENERACIJE
POSLJEDICE
INDUSTRIJA
MEĐUNARODNI
KLIMA
LJUDI
EKOLOŠKI
SADA
RAZVOJ
VLADA
TEMPERATURE
BUDUĆNOST
ZNANSTVENIK

3 - Boten

B	V	D	D	F	U	P	N	L	S	T	E	Y	J	P
M	L	Đ	F	Y	O	R	Y	T	R	R	I	Y	E	P
U	O	R	D	I	S	I	U	H	I	A	V	F	Z	R
B	A	T	N	I	U	S	R	M	J	J	A	E	E	I
Z	F	Y	O	C	J	T	T	O	E	E	C	T	R	K
J	T	P	M	R	A	A	F	R	K	K	S	N	O	D
K	A	J	A	K	R	N	O	E	A	T	P	R	Đ	P
U	D	H	V	A	B	I	R	C	S	P	L	A	V	O
Đ	A	C	T	Č	O	Š	E	K	E	H	K	N	O	M
S	S	C	L	A	L	T	I	C	Ž	A	V	R	C	O
E	O	O	I	T	O	E	Đ	B	U	F	N	O	F	R
F	P	H	P	U	F	N	H	B	N	Z	Đ	M	D	S
C	T	O	C	L	N	Đ	K	K	A	L	U	V	B	K
O	J	B	J	P	F	R	N	G	K	Đ	G	F	V	I
I	F	D	T	V	A	L	O	V	I	H	R	Z	I	D

SIDRO
POSADA
PLUTAČA
PRISTANIŠTE
VALOVI
JAHTA
KAJAK
KANU
JARBOL
MORNAR
JEZERO
MOTOR
POMORSKI
OCEAN
RIJEKA
UŽE
TRAJEKT
SPLAV
MORE

4 - Chocolade

A	T	E	T	I	L	A	V	K	U	Y	U	F	G	U
R	K	A	L	O	R	I	J	E	P	G	E	K	A	K
O	A	K	A	K	O	M	I	L	J	E	N	I	F	U
M	R	S	Ž	T	L	Z	I	N	V	H	Z	K	D	S
A	O	L	U	K	A	R	A	M	E	L	A	O	F	N
V	G	A	D	I	L	N	L	Z	C	O	A	H	P	O
U	U	T	N	P	K	O	K	O	S	U	K	U	R	Z
E	U	K	J	F	C	K	Y	D	F	S	N	J	A	A
L	I	O	A	O	N	Č	I	T	O	Z	G	E	H	N
S	A	S	T	O	J	A	K	K	B	D	N	U	A	A
A	O	P	B	O	L	B	A	I	I	O	K	U	V	T
U	F	S	H	W	T	P	E	C	E	R	M	Z	F	S
P	I	Đ	K	Y	B	P	Y	D	A	K	I	B	Đ	K
B	T	N	Y	L	P	O	T	W	N	F	F	K	O	I
Đ	Đ	Š	E	Ć	E	R	E	B	E	V	U	V	I	N

AROMA
ZANATSKI
GORAK
KAKAO
KALORIJE
EGZOTIČNO
OMILJENI
UKUSNO
SASTOJAK
KARAMELA
KOKOS
KVALITETA
KIKIRIKI
PRAH
RECEPT
UKUS
BOMBON
ŠEĆER
ŽUDNJA
SLATKO

5 - Gezondheid en Welzijn #2

S	A	Y	Đ	A	S	O	I	K	B	L	Y	K	V	G
I	N	F	E	K	C	I	J	A	Ž	A	S	A	M	T
D	E	A	T	I	L	W	D	V	C	J	N	G	B	I
I	J	F	L	T	M	P	Đ	A	N	I	Ž	E	T	J
J	I	Z	W	E	T	F	N	R	R	G	N	E	P	E
E	G	E	B	N	R	Z	B	O	G	R	O	L	V	L
T	I	R	A	E	A	G	M	P	Đ	E	B	I	O	O
A	H	H	H	G	J	Y	I	O	S	N	L	S	P	B
K	A	L	O	R	I	J	A	J	I	E	V	H	R	B
S	D	H	H	I	M	N	J	W	A	T	I	R	O	O
V	T	P	I	J	O	Z	D	R	A	V	T	A	B	L
M	I	R	E	D	T	D	T	M	K	M	A	N	A	E
R	A	N	E	E	A	P	J	C	K	Đ	M	A	V	S
Y	K	R	V	S	N	U	T	K	Z	F	I	L	A	T
P	S	S	L	E	A	K	H	O	L	A	N	Z	K	I

ALERGIJA
ANATOMIJA
KRV
KALORIJA
DIJETA
ENERGIJA
GENETIKA
TEŽINA
ZDRAV
OPORAVAK

HIGIJENA
INFEKCIJA
TIJELO
MASAŽA
PROBAVA
STRES
VITAMIN
ISHRANA
BOLNICA
BOLEST

6 - Tijd

D	E	S	E	T	L	J	E	Ć	E	Y	E	G	O	B
Z	N	V	M	E	F	J	K	Đ	M	Đ	G	P	T	F
C	D	J	I	J	N	Š	I	D	O	G	O	Z	P	I
A	O	J	T	R	E	Č	U	J	N	A	D	G	K	R
E	P	J	G	F	B	S	N	O	Ć	U	I	S	Y	O
B	Đ	D	U	A	A	O	E	W	C	O	N	A	R	D
Đ	I	B	D	T	A	B	G	C	R	R	A	T	H	C
J	I	I	S	U	R	B	U	D	U	Ć	N	O	S	T
F	B	J	O	N	Y	O	R	V	U	T	P	C	V	Y
H	F	T	V	I	R	A	D	N	E	L	A	K	V	H
N	K	E	Y	M	A	Đ	Đ	A	D	A	S	N	S	F
W	E	I	P	G	W	J	H	R	N	A	D	E	J	T
N	A	K	O	N	F	C	N	T	F	A	M	R	O	V
S	T	O	L	J	E	Ć	E	U	M	D	S	G	F	Z
F	S	S	W	N	N	L	R	S	D	A	N	P	K	N

DAN
DESETLJEĆE
STOLJEĆE
JUČER
GODINA
GODIŠNJI
KALENDAR
SAT
MJESEC
PODNE

MINUTA
SUTRA
NAKON
NOĆ
SADA
JUTRO
BUDUĆNOST
DANAS
RANO
TJEDAN

7 - Meditatie

C	T	S	O	N	Z	A	B	U	J	L	G	P	A	E
E	S	U	J	G	P	N	M	T	C	Y	L	E	P	K
J	O	O	F	E	J	I	C	O	M	E	A	R	I	M
N	N	S	T	D	I	Š	V	B	P	E	Z	S	I	O
A	L	J	U	H	L	I	Z	U	A	K	B	P	B	E
Ć	A	E	M	T	E	T	C	D	Ž	I	A	E	P	E
A	V	Ć	P	E	J	D	J	A	N	G	O	K	K	W
V	H	A	D	R	N	M	R	N	J	R	R	T	O	J
H	A	N	F	K	A	T	J	Ž	A	Đ	Z	I	R	U
I	Z	J	N	O	S	O	A	K	A	R	W	V	J	K
R	J	E	Z	P	I	S	R	L	T	N	Đ	A	E	Y
P	R	I	R	O	D	A	R	J	N	J	J	A	G	K
J	A	S	N	O	Ć	A	C	E	G	O	N	E	B	V
F	C	E	M	Đ	O	I	U	T	Ć	M	I	S	L	I
K	Đ	I	J	E	J	N	A	R	T	A	M	O	R	P

PAŽNJA
PRIHVAĆANJE
DISANJE
POKRET
ZAHVALNOST
EMOCIJE
MISLI
SREĆA
JASNOĆA
DRŽANJE
SUOSJEĆANJE
MENTALNO
GLAZBA
PRIRODA
PROMATRANJE
PERSPEKTIVA
TIŠINA
MIR
LJUBAZNOST
BUDAN

8 - Muziek

P	J	E	S	N	I	Č	K	I	O	J	F	G	R	I
O	P	E	R	A	Y	A	D	I	A	L	H	L	I	N
A	E	K	Z	D	R	V	I	Z	J	L	R	N	T	S
U	A	D	G	A	J	E	T	E	B	N	B	K	A	T
A	G	H	I	L	E	J	A	N	J	O	N	U	M	R
G	D	N	E	A	A	P	R	W	M	F	R	E	M	U
G	L	A	Z	B	E	N	I	K	F	O	F	L	A	M
W	Đ	Č	L	A	U	M	Z	L	I	R	S	K	I	E
I	L	I	C	K	M	E	I	P	N	K	M	H	C	N
T	E	M	P	O	S	L	V	J	Č	I	C	D	A	T
V	L	T	Y	A	M	O	O	E	I	M	R	S	P	B
S	J	I	O	R	B	D	R	V	S	K	F	T	S	T
L	B	R	L	A	O	I	P	A	A	E	N	S	V	C
D	L	K	I	Z	U	J	M	T	L	P	U	H	A	Z
U	B	D	M	V	Z	A	I	I	K	B	M	Z	M	C

ALBUM
BALADA
SKLAD
IMPROVIZIRATI
INSTRUMENT
KLASIČNI
ZBOR
LIRSKI
MELODIJA
MIKROFON
MJUZIKL
GLAZBENIK
OPERA
PJESNIČKI
RITAM
RITMIČAN
TEMPO
PJEVAČ
PJEVATI

9 - Vogels

Y	Y	B	T	V	T	P	P	L	T	D	G	Y	H	Y
B	M	T	D	J	C	K	Z	U	Đ	P	Đ	S	V	O
U	R	K	A	M	U	G	U	U	M	E	R	F	S	O
J	N	D	V	J	M	J	M	K	H	U	A	G	N	V
D	F	O	H	V	T	U	D	G	A	J	L	P	A	Č
P	L	G	K	M	Z	Y	L	O	Z	V	L	J	M	G
A	V	R	A	B	A	C	D	N	P	Z	I	F	H	O
T	L	A	B	U	D	S	J	U	H	A	H	C	J	L
K	L	O	R	A	Z	O	O	A	B	R	P	N	A	U
A	G	I	O	D	N	V	N	P	J	G	B	I	V	B
E	A	U	D	G	N	A	K	I	L	E	P	V	G	T
L	L	R	A	O	G	N	I	M	A	L	F	G	Y	A
F	E	M	O	E	N	A	C	U	O	T	O	N	A	U
C	B	Y	Y	L	Y	R	P	I	L	E	T	I	N	A
P	S	S	T	M	B	V	G	U	S	K	A	P	C	E

GOLUB
PATKA
JAJE
FLAMINGO
GUSKA
PILETINA
KUKAVICA
VRANA
GALEB
VRABAC

RODA
PAPIGA
PAUN
PELIKAN
PINGVIN
ČAPLJA
NOJ
TOUCAN
SOVA
LABUD

10 - Universum

D	I	O	R	E	T	S	A	E	N	W	N	I	Y	H
N	U	O	R	B	I	T	A	V	J	V	E	U	Z	E
A	J	Ž	T	E	L	E	S	K	O	P	B	R	P	M
G	P	L	I	K	Č	I	M	Z	O	K	O	C	N	I
I	A	I	T	N	O	Z	I	R	O	H	K	L	J	S
B	A	N	C	G	A	J	I	S	K	A	L	A	G	F
L	A	R	F	S	V	R	Š	V	A	J	M	C	R	E
B	T	R	F	L	O	O	K	I	I	A	V	M	Đ	R
Z	M	O	N	O	R	T	S	A	R	D	P	U	E	A
O	O	Y	U	E	S	A	V	B	A	I	L	N	Z	S
D	S	P	L	K	E	V	E	B	R	W	N	J	A	E
I	F	V	S	U	S	K	B	H	B	R	H	A	I	Đ
J	E	Y	O	M	J	E	S	E	C	U	W	M	Z	V
A	R	A	S	T	R	O	N	O	M	I	J	A	E	D
K	A	S	O	L	S	T	I	C	I	J	F	T	S	H

ASTEROID
ASTRONOMIJA
ASTRONOM
ATMOSFERA
ORBITA
ŠIRINA
ZODIJAK
TAMA
EKVATOR
HEMISFERA
NEBO
HORIZONT
NAGIB
KOZMIČKI
DUŽINA
MJESEC
GALAKSIJA
TELESKOP
VIDLJIV
SOLSTICIJ

11 - Wiskunde

P	B	H	I	V	O	T	U	K	W	M	O	U	K	C
P	A	C	U	G	P	Z	M	H	F	H	J	R	R	K
O	C	R	R	C	S	U	C	U	R	C	B	A	H	S
L	I	I	A	A	E	D	A	L	A	M	I	C	E	D
I	M	T	R	L	G	J	E	S	K	M	W	A	P	A
G	O	C	S	T	E	D	H	W	C	A	U	V	R	R
O	K	U	O	T	F	L	H	C	I	P	K	S	A	I
N	O	I	Z	W	U	I	N	E	J	Z	U	N	V	T
B	F	Z	Y	G	Đ	K	P	O	A	S	V	K	O	M
P	A	R	A	L	E	L	O	G	R	A	M	V	K	E
P	R	O	M	J	E	R	J	R	P	N	I	A	U	T
E	K	S	P	O	N	E	N	T	T	Z	I	D	T	I
S	I	M	E	T	R	I	J	A	K	C	C	R	N	K
G	E	O	M	E	T	R	I	J	A	M	N	A	I	A
J	E	D	N	A	D	Ž	B	A	L	G	M	T	K	V

DECIMALA
PROMJER
TROKUT
EKSPONENT
FRAKCIJA
GEOMETRIJA
KUTOVI
OKOMICA
OPSEG
PARALELNO
PARALELOGRAM
PRAVOKUTNIK
ARITMETIKA
SUMA
SIMETRIJA
POLIGON
JEDNADŽBA
KVADRAT

12 - Gezondheid en Welzijn #1

V	V	Y	N	D	Z	U	C	V	B	B	I	K	D	S
I	Ć	I	Š	I	M	D	F	C	E	N	D	I	B	K
S	V	E	N	L	C	O	P	U	Š	T	A	N	J	E
I	I	L	O	O	I	C	V	I	Ž	U	L	Č	A	L
N	R	I	Z	G	M	J	N	W	F	S	G	E	K	F
A	U	J	L	C	E	R	E	L	O	M	V	J	T	E
T	S	E	J	V	A	Ž	O	K	P	U	V	I	I	R
E	Đ	Č	E	H	S	Z	I	H	V	A	G	L	V	F
R	S	E	D	B	A	K	T	E	R	I	J	E	A	E
A	B	N	A	N	A	V	I	K	A	I	C	E	N	F
P	W	J	U	T	J	K	G	B	Z	S	W	R	Đ	M
I	A	E	K	L	I	N	I	K	A	M	I	M	J	Z
J	Đ	B	Z	K	M	J	O	T	S	Z	P	L	J	P
A	H	N	P	S	M	I	S	O	L	J	V	U	I	O
L	J	E	K	A	R	N	A	D	Y	M	N	D	T	G

AKTIVAN
LJEKARNA
BAKTERIJE
LIJEČENJE
LOM
LIJEČNIK
NAVIKA
GLAD
VISINA
HORMONI
KOŽA
KLINIKA
OZLJEDA
LIJEK
OPUŠTANJE
REFLEKS
MIŠIĆI
TERAPIJA
VIRUS
ŽIVCI

13 - Camping

Y	I	I	Y	J	C	V	Z	C	R	K	K	N	K	Ž
J	E	Z	E	R	O	I	R	M	F	U	A	W	U	I
P	J	Z	H	G	N	S	M	I	I	Ž	N	K	K	V
C	A	R	Z	P	H	E	F	C	C	E	U	E	A	O
Y	T	B	H	P	L	Ć	M	J	E	S	E	C	C	T
V	A	T	R	A	O	A	M	U	Š	P	K	F	K	I
Š	E	Š	I	R	V	U	Y	M	J	L	A	E	A	N
B	E	J	N	U	O	M	D	Z	I	A	B	N	R	J
C	A	J	U	T	G	T	Y	A	W	N	I	J	T	E
L	D	H	S	N	I	A	A	O	B	I	N	E	A	B
K	O	M	P	A	S	E	Ć	Š	N	N	A	R	W	S
Đ	R	W	J	V	C	O	E	A	D	A	G	B	R	H
T	I	K	D	A	F	H	V	P	K	Đ	Y	T	G	N
B	R	J	C	M	N	A	R	W	W	A	P	P	H	V
R	P	G	B	G	S	P	D	P	V	Y	N	K	M	B

AVANTURA
PLANINA
DRVEĆA
ŠUMA
VATRA
KABINA
ŽIVOTINJE
VISEĆA
ŠEŠIR
KUKAC
LOV
KARTA
KANU
KOMPAS
FENJER
MJESEC
JEZERO
PRIRODA
ŠATOR
UŽE

14 - Algebra

Z	Z	H	U	V	M	A	T	R	I	C	A	L	E	Đ
R	U	A	M	K	A	T	U	L	S	J	T	I	K	D
U	C	E	G	T	R	R	O	T	K	A	F	N	S	U
L	D	T	B	R	K	H	I	R	U	U	F	E	P	I
S	M	P	K	V	A	D	K	J	C	E	C	A	O	R
T	R	D	B	M	Z	D	I	J	A	B	P	R	N	J
P	O	D	J	E	L	A	A	J	L	B	Đ	N	E	E
P	N	W	O	I	I	L	D	M	A	M	L	I	N	Š
W	Ž	W	O	S	K	U	J	Y	T	G	F	A	T	E
S	A	L	L	H	D	M	E	L	B	O	R	P	G	N
U	L	B	F	V	A	R	L	V	S	P	Đ	A	R	J
M	O	N	Č	A	N	O	K	S	E	B	V	U	M	E
A	Z	P	K	O	W	F	K	O	L	I	Č	I	N	A
F	R	A	K	C	I	J	A	E	N	U	L	A	F	E
O	D	U	Z	I	M	A	N	J	E	B	W	H	T	L

ODUZIMANJE
DIJAGRAM
PODJELA
EKSPONENT
FAKTOR
FORMULA
FRAKCIJA
ZAGRADA
KOLIČINA
LINEARNI
MATRICA
NULA
BESKONAČNO
RJEŠENJE
PROBLEM
SUMA
LAŽNO
VARIJABLA

15 - Activiteiten

B	J	R	T	A	D	U	Č	I	T	A	N	J	E	W
V	M	N	O	W	T	Z	M	R	U	K	B	D	T	C
V	Y	J	V	I	L	E	B	J	A	P	M	A	P	J
I	I	O	T	S	N	H	A	W	E	A	L	A	L	L
K	V	U	S	D	M	V	A	N	I	T	Š	E	J	V
H	J	E	J	N	A	T	Š	U	P	O	N	O	S	P
Z	V	B	L	Š	I	V	A	N	J	E	A	O	A	S
F	O	T	O	G	R	A	F	I	J	A	K	V	S	E
B	L	I	V	I	S	W	C	S	C	K	T	T	M	T
J	W	L	O	G	V	L	E	H	F	I	I	S	A	G
I	C	I	D	R	R	C	I	K	P	M	V	R	G	F
C	F	I	A	E	V	Đ	N	K	U	A	N	A	I	R
F	O	Đ	Z	S	E	H	T	V	A	R	O	B	J	O
K	A	M	P	I	R	A	N	J	E	E	S	I	A	Z
V	R	T	L	A	R	S	T	V	O	K	T	R	B	O

AKTIVNOST
OBRT
PLES
FOTOGRAFIJA
IGRE
RIBARSTVO
LOV
KAMPIRANJE
KERAMIKA

UMJETNOST
ČITANJE
MAGIJA
ŠIVANJE
OPUŠTANJE
ZADOVOLJSTVO
SLIKA
VRTLARSTVO
VJEŠTINA

16 - Diplomatie

S	D	C	I	N	T	E	G	R	I	T	E	T	P	R
C	W	T	V	J	K	S	C	Đ	S	Đ	S	S	O	A
S	T	Y	I	E	S	U	R	J	U	D	T	O	L	S
H	C	G	H	Z	U	G	J	N	R	I	R	N	I	P
U	U	F	V	I	N	O	E	E	A	P	A	R	T	R
S	A	M	L	C	D	V	Š	P	D	L	N	U	I	A
G	M	B	A	I	A	O	E	R	N	O	I	G	K	V
T	B	Z	D	N	C	R	N	A	J	M	N	I	A	A
O	A	O	A	S	I	V	J	V	A	A	A	S	K	O
D	S	Y	L	H	N	T	E	D	Đ	T	Đ	K	I	Y
L	A	J	V	P	D	F	A	A	A	S	A	D	T	N
U	D	G	B	M	E	L	D	R	B	K	R	R	E	K
K	O	I	Z	C	J	F	U	Z	N	I	G	N	S	P
A	R	V	M	Z	A	H	I	N	Đ	I	H	Đ	F	O
S	U	K	O	B	Z	S	A	V	J	E	T	N	I	K

SAVJETNIK
AMBASADOR
STRANI
GRAĐANI
SUKOB
DIPLOMATSKI
RASPRAVA
ETIKA
ZAJEDNICA
PRAVDA
HUMANITARNI
INTEGRITET
RJEŠENJE
POLITIKA
VLADA
ODLUKA
SURADNJA
JEZICI
SIGURNOST
UGOVOR

17 - Astronomie

S	P	K	O	Z	M	O	S	T	E	M	O	K	Z	Z
H	A	L	V	T	S	V	J	A	K	A	C	T	R	V
T	T	T	A	G	G	U	Y	S	V	S	Z	E	A	I
A	E	T	E	N	T	I	P	T	I	T	L	L	Č	J
R	K	G	N	L	E	M	G	R	N	E	Z	E	E	E
I	A	P	B	T	I	T	Z	O	O	R	Z	S	N	Z
M	R	Z	H	B	I	T	A	N	C	O	I	K	J	D
E	A	J	L	M	E	Z	V	O	I	I	I	O	E	A
V	T	G	C	E	S	E	J	M	J	D	B	P	O	R
S	W	A	L	N	A	U	I	S	A	N	L	J	F	E
M	U	A	J	I	C	A	L	E	T	S	N	O	K	D
E	B	P	W	D	C	M	I	M	E	T	E	O	R	P
Đ	H	A	J	I	C	A	T	I	V	A	R	G	N	H
A	S	T	R	O	N	A	U	T	G	H	Y	Y	L	T
Z	V	J	E	Z	D	A	R	N	I	C	A	V	F	N

ZEMLJA
ASTEROID
ASTRONAUT
ASTRONOM
EKVINOCIJA
KOMET
KOZMOS
MJESEC
METEOR
MAGLICA
ZVJEZDARNICA
PLANETA
RAKETA
SATELIT
ZVIJEZDA
KONSTELACIJA
ZRAČENJE
TELESKOP
SVEMIR
GRAVITACIJA

18 - Vakantie #2

K	I	G	K	L	N	N	Y	C	L	U	T	S	S	P
A	A	K	U	L	A	N	Č	A	R	Z	R	C	T	U
L	V	M	C	W	M	S	J	N	Đ	H	R	G	R	T
V	L	K	P	B	M	H	J	A	T	R	A	K	A	O
N	N	E	J	I	C	A	V	R	E	Z	E	R	N	V
P	L	A	Ž	A	R	V	S	T	R	L	O	O	I	N
P	I	M	Z	Z	O	A	I	S	O	O	T	T	Đ	I
R	U	B	F	F	M	A	N	Z	M	D	O	A	T	C
E	Y	T	B	N	D	J	D	J	A	R	K	Š	N	A
S	I	S	O	Z	O	S	N	Z	E	E	Z	Y	E	E
T	D	Z	O	V	E	J	I	R	P	D	Đ	I	I	B
O	C	Y	C	Z	A	C	T	N	J	I	S	K	A	T
R	H	O	T	E	L	N	Z	U	V	Š	U	M	D	K
A	C	T	F	L	S	W	J	E	Y	T	P	P	G	U
N	O	P	C	U	L	C	B	E	T	E	B	P	F	U

ODREDIŠTE
STRANAC
STRANI
OTOK
HOTEL
KARTA
KAMPIRANJE
ZRAČNA LUKA
PUTOVNICA
PUTOVANJE
REZERVACIJE
RESTORAN
PLAŽA
TAKSI
ŠATOR
VLAK
ODMOR
PRIJEVOZ
VIZA
MORE

19 - Weersomstandigheden

A	U	A	O	H	U	S	F	M	K	W	I	T	I	V
T	G	R	D	E	L	O	T	T	A	M	I	L	K	J
M	R	U	A	G	U	D	T	Y	L	G	D	Đ	I	E
O	M	T	N	G	E	Y	Z	L	B	E	L	V	K	T
S	L	A	R	R	A	J	U	L	O	R	R	A	S	A
F	J	R	O	B	E	N	A	V	A	L	P	O	P	R
E	A	E	T	U	B	C	H	J	Z	D	G	I	O	G
R	V	P	L	E	D	N	M	O	N	S	U	N	R	L
A	I	M	F	E	M	N	Z	A	Š	U	S	R	T	J
T	N	E	P	L	H	C	N	R	L	S	M	A	G	C
J	A	T	A	Đ	J	W	R	S	O	P	L	L	J	E
E	J	A	D	W	O	N	O	O	J	W	S	O	A	V
F	A	G	M	K	S	A	F	A	G	M	T	P	U	T
K	Y	M	C	G	Đ	K	M	C	B	E	M	T	P	L
Y	T	G	J	U	F	S	D	K	B	V	E	H	J	P

ATMOSFERA
MUNJA
GRMLJAVINA
SUHO
SUŠA
NEBO
LED
KLIMA
MAGLA
MONSUN
URAGAN
POPLAVA
POLARNI
DUGA
OLUJA
TEMPERATURA
TORNADO
TROPSKI
VJETAR
OBLAK

20 - Strand

P	J	M	N	Y	K	U	Š	H	V	D	D	E	W	K
B	R	M	R	H	N	G	K	Đ	Z	J	D	Z	N	I
V	K	I	N	Č	U	R	O	G	N	T	L	R	C	Š
Č	Z	W	S	B	I	J	L	I	S	W	I	D	G	O
T	A	V	P	T	T	Y	J	R	A	K	P	J	R	B
F	N	M	W	U	A	Z	K	N	L	Đ	T	E	E	R
A	U	H	A	E	V	N	E	G	A	A	P	J	B	A
U	G	R	B	C	I	A	I	Z	B	L	I	E	E	N
K	A	O	U	N	L	E	Z	Š	O	Y	J	D	N	Y
O	L	C	S	U	P	C	B	O	T	E	E	R	O	M
T	D	O	D	S	O	O	S	U	H	E	S	I	Z	W
O	O	M	M	C	N	W	D	J	A	V	A	L	P	B
G	E	S	O	S	A	N	D	A	L	E	K	I	V	F
T	M	L	T	R	V	D	J	F	K	J	N	C	W	P
C	H	Z	B	C	V	K	E	O	P	Z	A	A	H	T

PLAVA
ČAMAC
PRISTANIŠTE
OTOK
RUČNIK
RAK
OBALA
LAGUNA
OCEAN
KIŠOBRAN
GREBEN
SANDALE
ŠKOLJKE
ODMOR
PIJESAK
MORE
JEDRILICA
SUNCE
PLIVATI

21 - Eten #2

J	Y	E	K	H	T	J	P	K	J	A	J	E	S	R
J	S	S	I	U	P	I	L	E	T	I	N	A	A	T
B	A	H	V	R	A	J	Č	I	C	A	M	C	D	S
A	N	B	I	K	W	C	O	H	W	N	L	U	T	I
D	A	Š	U	P	Š	E	N	I	C	A	B	I	R	R
E	N	U	N	K	W	Đ	R	F	D	N	E	D	U	D
M	A	N	O	W	A	Ž	C	I	G	A	D	E	G	P
W	L	K	W	M	I	O	B	O	Ž	B	G	J	O	I
K	H	A	I	J	F	R	O	A	K	A	C	V	J	O
I	Z	F	L	G	U	G	K	K	O	L	V	D	M	O
P	A	T	L	I	D	Ž	A	N	Y	U	O	M	E	U
Š	P	A	R	O	G	A	K	B	G	K	E	L	G	D
B	R	E	S	K	V	A	B	V	B	O	F	H	B	H
S	T	H	C	N	Z	E	Z	V	B	R	V	W	P	J
C	J	R	W	B	S	H	D	D	G	B	I	K	W	T

BADEM
ANANAS
JABUKA
ŠPAROGA
PATLIDŽAN
BANANA
BROKULA
KRUH
GROŽĐE
JAJE
ŠUNKA
SIR
PILETINA
KIVI
BRESKVA
RIŽA
PŠENICA
RAJČICA
RIBA
JOGURT

22 - Klimmen

S	T	A	B	I	L	N	O	S	T	D	O	C	T	O
I	Z	A	Z	O	V	I	H	F	D	W	B	S	G	Z
Š	D	G	W	T	M	Y	F	F	J	U	U	I	O	L
P	P	K	A	R	T	A	K	O	M	W	K	K	C	J
J	M	I	J	G	W	Č	I	Z	M	E	A	Č	S	E
E	K	T	L	S	S	W	V	O	D	I	Č	I	N	D
Š	A	I	E	J	T	A	P	N	B	T	L	Z	A	A
A	V	Z	Ž	L	A	R	J	G	O	L	R	I	G	U
Č	D	U	I	E	I	E	U	G	N	J	V	F	A	J
E	A	S	T	C	P	F	K	Č	T	E	R	E	N	E
N	V	W	A	M	K	S	Y	A	N	N	S	F	I	G
J	B	C	N	H	C	O	T	B	C	J	Đ	M	S	G
E	U	F	Z	Đ	V	M	N	C	J	I	A	S	I	C
C	U	B	P	M	I	T	G	R	N	O	G	K	V	R
G	K	O	R	U	K	A	V	I	C	E	F	A	I	T

ATMOSFERA
STRUČNJAK
FIZIČKI
VODIČI
ŠPILJA
RUKAVICE
KACIGA
VISINA
KARTA
SNAGA
ČIZME
OZLJEDA
ZNATIŽELJA
OBUKA
SUZITI
STABILNOST
TEREN
IZAZOVI
PJEŠAČENJE

23 - Restaurant #1

U	E	E	T	A	J	N	I	H	U	K	U	M	A	K
D	B	Y	Z	A	L	E	J	D	Z	R	B	V	C	T
C	Z	R	D	O	N	A	A	Đ	C	U	Đ	V	I	M
A	D	Y	U	F	K	J	V	O	V	H	K	V	R	E
D	P	Z	J	S	I	I	U	H	R	A	N	A	A	Z
W	P	M	V	N	N	G	R	R	M	I	R	W	B	H
Đ	K	B	V	L	J	R	U	P	R	N	R	Ž	O	N
D	H	M	R	H	A	E	F	P	D	J	J	Y	N	V
B	T	E	E	F	G	L	L	Y	W	D	E	B	O	U
P	M	T	E	Y	A	A	W	O	S	E	M	C	K	Y
A	N	I	T	E	L	I	P	M	V	O	S	O	K	L
A	Z	P	Z	Y	B	E	W	J	H	N	Z	B	A	J
R	E	Z	E	R	V	A	C	I	J	A	I	F	V	T
K	R	J	E	S	T	I	E	I	N	T	U	K	A	B
D	E	S	E	R	T	S	A	S	T	O	J	C	I	Đ

ALERGIJA
TANJUR
KRUH
JESTI
SASTOJCI
BLAGAJNIK
KUHINJA
PILETINA
KAVA
ZDJELA
JELOVNIK
NOŽ
AKUTNI
REZERVACIJA
UMAK
KONOBARICA
UBRUS
DESERT
MESO
HRANA

24 - Geologie

B	K	R	S	T	A	L	A	K	T	I	T	I	R	E
G	I	H	A	Z	O	N	A	G	P	J	Z	B	Đ	Đ
P	S	P	N	S	G	K	W	W	O	Z	Z	Z	L	Đ
N	E	Z	R	R	T	Z	V	U	L	K	A	N	O	G
Đ	L	R	E	H	I	O	T	A	L	P	S	I	S	S
O	I	Y	V	E	Z	Y	P	G	Đ	L	O	G	O	Z
H	N	B	A	L	A	V	A	L	A	T	L	K	H	A
P	A	U	K	S	L	O	J	A	J	L	A	R	O	K
G	O	R	C	G	I	K	I	R	K	E	N	I	D	N
I	E	T	D	J	S	A	Z	K	N	N	N	S	M	Z
F	Y	J	R	Z	O	L	O	Y	K	Z	E	T	T	D
S	L	E	Z	E	F	C	R	F	V	W	M	A	F	L
H	G	H	P	I	S	I	E	F	A	J	A	L	D	C
Đ	S	T	U	E	R	J	O	I	R	B	K	I	A	E
K	O	N	T	I	N	E	N	T	C	E	U	S	T	K

POTRES
KALCIJ
KONTINENT
EROZIJA
FOSIL
GEJZIR
RASTOPLJEN
KAVERNA
KORALJA
KRISTALI
KVARC
SLOJ
LAVA
PLATO
STALAKTIT
KAMEN
VULKAN
ZONA
SOL
KISELINA

25 - Specerijen

N	M	A	H	A	M	I	D	H	K	I	C	W	C	B
S	I	N	A	G	K	B	O	S	S	T	H	P	U	E
M	L	T	C	E	L	M	P	R	O	E	N	O	R	V
T	O	A	P	A	P	A	R	I	B	M	U	Đ	R	I
Đ	S	M	T	S	K	U	L	F	B	I	K	P	Y	C
S	M	U	A	K	A	O	C	H	R	C	K	J	Y	Đ
V	P	K	K	D	O	K	R	N	H	C	W	W	E	Z
A	H	R	I	S	R	R	H	I	W	G	Z	R	E	V
N	N	U	R	L	U	A	N	M	J	N	R	B	V	U
I	C	K	P	D	U	O	K	U	S	A	Đ	S	W	S
L	S	Č	A	R	O	M	O	K	C	R	N	I	S	S
I	W	P	P	N	H	N	K	J	E	F	R	D	R	I
J	P	I	S	K	A	V	I	C	A	A	R	W	E	Đ
A	Č	E	Š	N	J	A	K	N	R	Š	I	I	G	R
S	D	V	T	G	O	R	A	K	C	W	Đ	Y	E	E

ANIS
GORAK
PISKAVICA
ĐUMBIR
CIMET
KARDAMOM
CURRY
ČEŠNJAK
KUMIN
KORIJANDER
KURKUMA
PAPRIKA
PAPAR
ŠAFRAN
OKUS
LUK
VANILIJA
KOMORAČ
SLATKO
SOL

26 - Groenten

B	C	M	J	G	W	J	B	B	W	O	S	Y	R	I
R	I	M	W	R	Đ	M	L	W	U	F	O	B	J	F
O	O	Z	S	A	U	A	P	E	R	N	R	K	S	F
K	L	U	K	Š	M	S	E	W	U	T	D	O	L	K
U	S	Š	A	A	B	L	Y	V	C	D	E	E	T	D
L	C	P	J	K	I	I	V	J	S	Y	W	G	V	N
A	E	I	N	S	R	N	R	A	J	Č	I	C	A	A
U	L	N	Š	K	A	A	M	P	I	V	K	A	Z	Ž
G	E	A	E	A	J	L	D	B	U	A	G	V	A	D
G	R	T	Č	C	Z	Đ	A	S	Y	B	P	A	Đ	I
Y	L	L	L	B	H	I	K	T	P	T	F	T	Đ	L
K	A	J	Z	O	K	K	U	L	A	R	Z	S	I	T
R	Y	L	I	R	O	T	K	V	I	C	A	A	M	A
I	R	A	Y	V	M	D	B	J	N	I	Š	R	E	P
M	R	K	V	A	A	A	R	T	I	Č	O	K	A	R

ARTIČOKA
PATLIDŽAN
BROKULA
GRAŠAK
ĐUMBIR
ČEŠNJAK
KRASTAVAC
MASLINA
GLJIVA
PERŠIN
BUNDEVA
REPA
ROTKVICA
SALATA
CELER
LUK KOZJAK
ŠPINAT
RAJČICA
LUK
MRKVA

27 - Archeologie

H	O	E	G	O	D	I	N	E	G	F	Z	Y	J	Z
O	R	L	N	E	V	R	E	L	I	K	V	I	J	A
B	S	A	F	R	A	G	M	E	N	T	I	S	R	J
J	T	J	M	I	Č	A	V	I	Ž	A	R	T	S	I
E	R	I	N	Z	A	B	O	R	A	V	I	O	A	C
K	U	R	K	E	W	N	U	Y	F	V	T	E	O	A
T	Č	E	O	D	P	T	I	M	U	C	O	C	G	Z
I	N	T	S	O	B	O	R	G	C	B	J	H	P	I
T	J	S	T	B	C	A	Z	I	L	A	N	A	O	L
Z	A	I	I	A	F	M	A	N	P	P	T	N	T	I
B	K	M	L	R	H	E	L	R	A	M	W	Đ	O	V
E	V	A	L	U	A	C	I	J	A	T	Z	T	M	I
T	R	T	R	Y	R	O	S	E	F	O	R	P	A	C
I	N	Đ	Y	P	Y	Z	O	E	S	S	O	N	K	Đ
Z	G	M	T	C	W	F	F	M	K	Z	R	S	Đ	G

ANALIZA
CIVILIZACIJA
KOSTI
STRUČNJAK
EVALUACIJA
FOSIL
FRAGMENTI
GROB
GODINE
MISTERIJA
POTOMAK
OBJEKTI
NEPOZNAT
ISTRAŽIVAČ
PROFESOR
RELIKVIJA
TIM
HRAM
DOBA
ZABORAVIO

28 - Dans

T	A	K	A	D	E	M	I	J	A	T	J	N	V	K
I	E	O	F	U	M	J	E	T	N	O	S	T	L	A
J	Đ	K	N	Z	W	R	R	A	D	O	S	T	A	N
E	G	S	P	W	L	L	I	N	R	U	T	L	U	K
L	K	U	L	T	U	R	A	T	G	L	A	Z	B	A
O	K	L	A	S	I	Č	N	I	A	P	R	O	B	A
D	C	B	G	I	D	S	P	G	C	M	D	L	W	M
Đ	M	J	Y	S	Z	R	E	N	T	R	A	P	D	I
M	I	L	O	S	T	R	Ž	N	R	E	H	B	K	W
Z	A	K	Y	V	K	P	A	A	J	I	C	O	M	E
H	I	E	G	I	W	O	F	Ž	N	J	V	C	L	N
H	I	G	D	D	Y	K	C	S	A	J	W	S	Z	H
M	I	V	A	N	A	R	L	P	G	J	E	L	H	F
B	I	N	R	I	Z	E	E	S	C	E	A	O	D	N
F	F	Đ	P	W	Đ	T	Z	T	D	M	Y	N	H	P

AKADEMIJA
POKRET
RADOSTAN
KULTURNI
KULTURA
EMOCIJA
IZRAŽAJAN
MILOST
DRŽANJE
KLASIČNI
UMJETNOST
TIJELO
GLAZBA
PARTNER
PROBA
RITAM
SKOK
VIDNI

29 - Ziekte

Z	V	Z	V	I	C	M	A	N	E	G	O	T	A	P
I	M	R	U	V	Z	Y	Z	K	M	A	I	I	K	N
L	L	Y	D	I	Š	N	I	D	A	P	A	J	U	S
K	S	K	E	R	F	B	Y	D	R	W	W	E	T	R
I	I	K	S	J	I	R	E	T	K	A	B	L	A	C
N	E	U	R	O	P	A	T	I	J	A	V	O	N	E
K	R	O	N	I	Č	A	N	B	Z	W	S	L	E	K
N	A	S	L	J	E	D	N	O	B	V	D	O	J	T
D	J	L	N	M	F	V	B	G	U	I	Y	Z	I	E
S	I	V	A	M	I	I	K	S	T	E	N	E	G	T
I	P	T	Z	P	B	O	T	S	L	A	B	D	R	I
N	A	W	A	Z	U	O	N	S	K	A	I	V	E	N
U	R	E	R	R	O	O	E	J	O	C	Z	Z	L	U
S	E	P	A	W	M	M	Đ	K	Z	K	C	F	A	M
V	T	Z	Z	S	I	N	D	R	O	M	U	R	G	I

AKUTAN
DIŠNI
ALERGIJE
BAKTERIJSKI
ZARAZAN
KOSTI
KRONIČAN
NASLJEDNO
GENETSKI
ZDRAVLJE
SRCE
IMUNITET
TIJELO
NEUROPATIJA
UPALA
SINUS
SINDROM
TERAPIJA
PATOGENA
SLAB

30 - Immigratie

K	I	Z	E	J	D	U	J	W	C	Ć	O	M	O	P
O	L	M	U	G	O	O	M	P	R	O	C	E	S	R
M	S	T	P	F	Y	D	K	J	G	I	M	Z	A	E
U	A	O	R	O	V	G	O	U	A	E	R	G	G	G
N	R	H	A	N	A	R	S	B	M	Đ	Đ	I	M	O
I	D	F	V	J	A	T	D	R	R	E	W	S	F	V
K	O	G	A	U	I	T	U	J	D	E	N	Y	M	A
A	K	U	Ć	I	Š	T	E	E	F	C	N	T	C	R
C	E	I	V	U	O	K	S	Š	N	I	E	J	I	A
I	R	S	N	D	R	K	L	E	J	N	H	G	E	N
J	S	A	I	S	G	N	M	N	S	A	C	G	E	J
A	R	O	K	E	A	C	E	J	D	R	B	K	L	E
A	T	L	K	R	P	Č	Y	E	B	G	R	R	Z	Đ
I	B	Y	A	T	I	T	Š	A	Z	K	N	F	B	G
Y	A	F	M	S	S	I	T	U	A	C	I	J	A	B

UPRAVA
ZAŠTITA
KOMUNIKACIJA
DOKUMENTI
ODOBRENJE
GRANICE
KUĆIŠTE
POMOĆ
DJECA
ČASNIK
PREGOVARANJE
RJEŠENJE
PROCES
SITUACIJA
STRES
JEZIK
ROK
ODRASLI

31 - Mythologie

S	U	Đ	H	Đ	S	P	L	A	B	I	R	I	N	T
G	T	B	O	I	A	R	O	M	O	B	U	J	L	Y
S	Z	V	F	R	I	A	J	N	I	K	A	N	U	J
M	U	Y	A	F	O	R	T	S	A	T	A	K	T	H
R	K	N	V	R	U	G	N	C	R	Š	R	W	I	K
T	E	A	C	V	A	N	G	I	U	S	A	N	W	A
N	Đ	U	A	C	M	N	N	G	T	N	M	N	A	D
I	E	A	V	N	Y	T	J	G	L	A	V	A	J	N
K	I	N	T	A	R	O	G	E	U	G	K	C	F	E
S	T	V	O	R	E	N	J	E	K	A	N	U	J	G
R	V	G	W	C	O	Č	U	D	O	V	I	Š	T	E
E	V	E	G	Z	I	B	Đ	O	V	M	R	R	L	L
B	R	R	T	A	R	H	E	T	I	P	Đ	S	K	U
O	S	V	E	T	A	A	J	N	U	M	L	K	L	C
B	E	S	M	R	T	N	O	S	T	G	Đ	K	T	G

ARHETIP
MUNJA
STVARANJE
KULTURA
LABIRINT
PONAŠANJE
JUNAK
JUNAKINJA
NEBO
LJUBOMORA
SNAGA
RATNIK
LEGENDA
ČUDOVIŠTE
BESMRTNOST
KATASTROFA
SMRTNIK
STVORENJE
OSVETA

32 - Eten #1

L	S	L	A	C	I	L	E	R	A	M	R	E	H	P
B	S	A	N	U	T	I	E	H	N	M	M	Z	C	S
W	Z	V	L	O	S	M	P	A	M	B	B	T	I	V
T	G	K	U	A	E	U	K	J	U	H	A	O	S	H
H	J	R	Đ	D	T	N	F	B	V	P	K	B	D	V
J	P	M	C	O	A	A	M	L	I	J	E	K	O	Y
P	I	C	S	G	N	Č	E	Š	N	J	A	K	O	U
R	A	K	S	A	I	M	D	I	O	Đ	K	B	B	S
A	U	W	K	J	P	B	C	K	Đ	R	Š	P	O	O
N	V	D	O	Y	Š	Đ	M	I	W	F	U	H	S	O
J	E	Č	A	M	D	P	E	R	M	R	R	M	I	V
Y	E	P	U	R	L	M	S	I	Đ	E	K	U	L	W
J	B	B	Đ	N	R	H	O	K	W	Ć	T	B	J	Y
Đ	D	T	I	V	K	V	M	I	D	E	H	Y	A	O
I	D	L	W	L	I	I	A	K	U	Š	Đ	M	K	N

JAGODA
MARELICA
BOSILJAK
LIMUN
JEČAM
CIMET
ČEŠNJAK
MLIJEKO
KRUŠKA
KIKIRIKI
SALATA
SOK
JUHA
ŠPINAT
ŠEĆER
TUNA
LUK
MESO
MRKVA
SOL

33 - Avontuur

L	P	E	O	U	L	Y	U	A	I	T	S	O	P	U
J	M	U	N	R	I	D	R	B	Z	E	I	D	R	H
E	S	G	T	T	K	K	F	C	A	Š	G	R	I	W
P	U	T	H	O	U	Y	C	S	Z	K	U	E	R	E
O	V	V	U	N	V	Z	T	D	O	O	R	D	O	M
T	G	N	C	Č	R	A	I	M	V	Ć	N	I	D	H
A	L	R	H	I	A	A	N	J	I	A	O	Š	A	R
W	G	D	K	B	D	K	K	J	A	Z	S	T	M	A
T	E	Y	Đ	O	O	T	A	L	A	Z	T	E	E	B
O	V	O	N	E	S	I	K	U	U	U	A	J	R	R
D	P	U	Y	N	T	V	I	W	Z	S	I	M	P	O
N	P	A	B	U	N	N	L	V	T	Z	F	E	I	S
O	K	A	S	V	R	O	I	Z	L	E	T	Z	R	T
W	T	V	Y	N	V	S	R	O	V	S	C	B	P	V
B	K	M	G	F	O	T	P	B	U	P	O	E	O	B

AKTIVNOST
ODREDIŠTE
ENTUZIJAZAM
IZLET
OPASNO
PRILIKA
HRABROST
TEŠKOĆA
PRIRODA
NOVO
NEOBIČNO
PUTOVANJA
LJEPOTA
IZAZOVI
SIGURNOST
PRIPREMA
RADOST

34 - Restaurant #2

M	Ž	V	I	L	I	C	A	B	N	A	U	A	J	L
Đ	A	L	O	S	I	O	D	I	D	F	Z	U	U	V
R	T	J	I	C	N	A	Z	E	R	Y	O	B	H	W
V	O	D	A	C	P	O	K	T	O	R	T	A	A	G
T	N	E	Z	W	A	J	A	J	A	A	R	B	B	W
A	S	L	P	A	N	S	T	O	L	I	C	A	I	B
K	U	G	F	S	Č	V	E	Č	E	R	A	J	R	K
T	K	F	J	A	D	I	K	O	N	O	B	A	R	V
Y	U	V	S	L	Z	P	N	M	P	O	F	K	R	U
E	S	W	N	A	N	G	F	I	T	I	E	Z	F	R
R	W	Đ	K	T	C	S	U	J	C	D	Ć	H	P	U
J	T	Z	Z	A	S	K	V	D	M	S	R	E	H	Č
U	B	S	U	O	H	J	A	M	W	J	V	Ć	L	A
O	R	F	B	K	E	N	N	Z	Y	I	O	O	C	K
C	J	E	M	D	W	K	P	I	T	T	P	V	E	B

TORTA
VEČERA
PIĆE
JAJA
VOĆE
POVRĆE
UKUSNO
LED
ŽLICA
RUČAK

REZANCI
KONOBAR
SALATA
JUHA
ZAČINI
STOLICA
RIBA
VILICA
VODA
SOL

35 - De Media

N	S	Y	T	E	L	E	V	I	Z	I	J	A	R	M
F	A	Ž	E	R	M	R	Đ	F	T	H	C	U	A	T
O	A	L	C	E	E	T	B	J	S	P	R	A	D	C
T	R	H	I	J	F	W	S	W	O	F	T	R	I	A
O	K	W	N	N	O	H	S	I	N	L	A	K	O	L
G	N	M	E	A	I	K	Č	A	V	O	G	R	T	A
R	V	Y	J	R	N	J	D	Y	A	G	E	B	B	U
A	B	E	N	I	L	S	I	N	J	A	H	C	Z	T
F	A	J	I	C	A	K	I	N	U	M	O	K	O	K
I	G	N	Č	N	T	S	T	A	V	O	V	I	M	E
J	V	A	V	A	I	Č	A	S	O	P	I	S	I	L
E	O	D	P	N	G	D	P	Z	U	O	U	Đ	B	E
S	Z	Z	O	I	I	Z	M	N	O	V	I	N	E	T
J	F	I	R	F	D	R	Đ	O	I	P	A	Z	D	N
S	B	M	I	Š	L	J	E	N	J	E	S	F	G	I

TRGOVAČKI
KOMUNIKACIJA
DIGITALNI
IZDANJE
ČINJENICE
FINANCIRANJE
FOTOGRAFIJE
STAVOVI
INTELEKTUALAC
NOVINE
LOKALNI
MIŠLJENJE
MREŽA
NA LINIJI
JAVNOST
RADIO
TELEVIZIJA
ČASOPISI

36 - Bijen

R	E	T	Š	I	N	A	T	S	G	B	T	B	J	O
U	Ć	R	O	J	P	W	K	I	Z	M	E	D	K	P
H	E	N	T	Z	H	D	R	L	G	S	J	U	C	R
H	J	Ć	S	Z	K	I	F	Đ	K	R	I	L	L	A
C	I	J	O	H	R	A	N	A	R	B	V	E	K	Š
E	V	A	K	V	W	U	O	W	A	G	C	P	G	I
K	C	O	I	A	Đ	I	H	M	L	E	R	N	N	V
V	O	R	L	O	B	H	H	E	J	M	T	J	E	A
E	N	Š	O	O	O	B	Z	E	I	V	F	F	Đ	Č
Đ	S	V	N	G	A	D	G	C	C	U	O	H	Đ	M
P	I	V	Z	I	R	A	P	N	A	G	O	S	T	H
D	R	R	A	Y	C	A	K	U	K	N	T	O	A	W
I	O	T	R	C	V	A	T	S	U	S	O	K	E	K
M	K	I	T	U	Z	D	L	K	G	U	B	M	K	L
R	L	W	A	K	R	I	L	A	Y	L	A	Z	K	E

OPRAŠIVAČ
KOŠNICA
CVIJEĆE
CVIJET
RAZNOLIKOST
EKOSUSTAV
VOĆE
STANIŠTE
MED
KUKAC
KRALJICA
DIM
PELUD
VRT
KRILA
HRANA
KORISNO
VOSAK
SUNCE
ROJ

37 - Wandelen

K	K	D	K	L	O	C	D	W	S	L	S	A	P	E
P	L	H	A	P	H	P	A	V	B	F	U	Z	A	J
Y	O	I	V	V	U	Đ	A	Z	E	W	N	A	R	M
R	S	T	M	I	G	H	B	S	J	N	C	J	K	R
Č	G	L	N	A	K	Š	E	T	N	U	E	I	O	F
I	N	I	J	L	V	I	D	E	A	O	I	C	V	W
Z	A	T	U	M	O	R	N	I	R	B	S	A	I	K
M	N	I	P	U	N	C	W	J	I	N	L	T	D	A
E	I	C	R	A	M	O	K	H	P	R	F	N	I	R
Đ	N	A	I	A	E	J	N	E	M	A	K	E	L	T
D	A	D	P	T	T	F	C	U	A	Y	J	J	W	A
I	L	K	R	B	F	S	A	F	K	A	H	I	V	M
W	P	F	E	J	N	I	T	O	V	I	Ž	R	O	E
J	H	E	M	E	J	I	R	V	Đ	B	W	O	D	A
T	E	B	A	D	O	R	I	R	P	L	D	I	A	A

PLANINA
ŽIVOTINJE
OPASNOSTI
KARTA
KAMPIRANJE
LITICA
KLIMA
ČIZME
UMORNI
KOMARCI
PRIRODA
ORIJENTACIJA
PARKOVI
KAMENJE
PRIPREMA
VODA
VRIJEME
DIVLJI
SUNCE
TEŠKA

38 - Ecologie

G	S	C	W	Đ	U	H	R	S	M	F	Đ	W	G	Đ
L	E	T	A	Đ	A	E	G	J	O	V	A	Y	P	H
O	E	H	A	T	S	R	V	J	Č	B	R	U	B	J
B	M	Y	M	N	H	N	F	I	V	S	O	A	N	M
A	I	D	I	L	I	M	F	Z	A	C	L	J	V	A
L	P	E	L	R	L	Š	C	E	R	T	F	I	B	H
N	Z	N	K	K	A	E	T	J	A	T	M	C	O	Đ
O	C	L	W	O	D	J	V	E	N	I	N	A	L	P
S	R	A	Z	N	O	L	I	K	O	S	T	T	H	D
U	U	C	G	D	R	I	Ž	D	P	Y	C	E	C	S
G	W	Š	S	O	I	B	R	R	Y	T	W	G	G	H
Đ	O	R	A	R	R	Y	D	W	N	Đ	K	E	S	S
J	C	I	Đ	I	P	M	O	Z	F	L	Y	V	V	I
T	D	W	R	R	P	O	M	O	R	S	K	I	L	I
I	D	M	I	P	Y	O	P	S	T	A	N	A	K	N

PLANINE
RAZNOLIKOST
SUŠA
ODRŽIV
FAUNA
FLORA
GLOBALNO
STANIŠTE
KLIMA
POMORSKI
MOČVARA
PRIRODA
PRIRODNO
OPSTANAK
BILJE
VRSTA
VEGETACIJA

39 - Biologie

B	V	E	W	L	A	N	A	T	O	M	I	J	A	H
E	M	B	R	I	J	A	K	K	N	O	M	R	O	H
B	J	E	L	A	N	Č	E	V	I	N	A	K	C	K
O	W	Z	E	M	J	Đ	M	P	T	D	L	R	K	O
W	S	Đ	J	M	E	I	D	L	C	O	T	O	J	L
I	V	M	F	J	B	U	L	A	P	R	L	M	J	A
I	Z	E	O	S	J	A	A	E	R	I	D	O	A	G
U	D	M	R	Z	L	G	E	F	Ć	R	I	S	Z	E
K	A	J	I	C	A	T	U	M	H	P	S	O	O	N
F	O	T	O	S	I	N	T	E	Z	A	A	M	I	A
Ž	Y	E	V	O	L	U	C	I	J	A	N	S	B	Y
W	I	W	G	F	Z	A	G	K	U	T	J	M	M	A
C	A	V	A	S	I	S	M	I	Z	N	E	E	I	T
Đ	V	P	A	V	Đ	E	A	S	P	A	N	I	S	G
V	T	J	I	C	F	G	Z	N	E	U	R	O	N	T

DISANJE
ANATOMIJA
ĆELIJA
KROMOSOM
KOLAGENA
BJELANČEVINA
EMBRIJA
ENZIM
EVOLUCIJA
FOTOSINTEZA
HORMON
MUTACIJA
PRIRODNO
NEURON
OSMOZA
GMAZ
SIMBIOZA
SINAPSA
ŽIVAC
SISAVAC

40 - Landen #1

O	Đ	D	M	E	V	W	V	W	L	R	Đ	Đ	Y	M
P	O	L	J	S	K	A	J	I	B	I	L	J	D	U
S	I	B	P	K	A	M	A	R	O	K	O	D	D	K
E	B	T	A	Z	R	A	K	Š	E	V	R	O	N	T
N	A	R	A	W	I	N	I	K	A	R	A	G	V	A
E	K	Ž	A	L	B	A	S	L	D	F	K	T	K	P
G	S	F	D	Z	I	P	K	P	B	Y	Č	H	A	I
A	J	R	U	O	I	J	H	R	Y	Đ	A	A	N	G
L	N	A	W	Y	B	L	A	I	T	E	M	R	A	E
P	U	W	R	G	O	M	L	S	U	L	E	O	D	R
C	M	M	Đ	Z	U	L	A	T	V	I	J	A	A	V
W	U	I	Z	R	A	E	L	K	Y	Č	N	Đ	D	W
I	R	Š	P	A	N	J	O	L	S	K	A	L	N	N
B	E	L	G	I	J	A	F	I	A	Z	Y	B	I	E
N	M	I	S	J	T	Y	D	K	I	P	Y	T	K	V

BELGIJA
BRAZIL
KAMBODŽA
KANADA
ČILE
NJEMAČKA
EGIPAT
IRAK
IZRAEL
ITALIJA
LATVIJA
LIBIJA
MAROKO
NIKARAGVA
NORVEŠKA
PANAMA
POLJSKA
RUMUNJSKA
SENEGAL
ŠPANJOLSKA

41 - Installaties

G	H	V	G	R	Y	R	D	F	K	I	P	N	A	W
J	A	K	I	N	A	T	O	B	E	K	N	J	G	C
F	R	A	C	H	O	V	R	D	S	K	L	V	F	G
L	G	K	E	J	Z	J	B	R	Š	L	J	A	N	R
O	E	T	R	V	A	N	I	V	O	H	A	M	D	M
R	J	U	K	M	V	V	A	V	C	I	O	F	O	P
A	V	S	A	M	O	E	E	D	O	T	N	H	B	D
U	F	H	Đ	P	R	G	N	A	Y	N	R	G	P	Đ
L	L	C	I	M	K	E	P	C	S	M	V	A	G	J
C	V	I	J	E	T	T	L	I	T	A	O	W	V	V
R	H	O	W	W	S	A	I	B	A	M	B	U	S	A
Y	A	F	M	B	I	C	Š	O	S	D	R	W	O	J
D	Y	S	S	R	L	I	Ć	B	Z	P	P	M	I	J
O	S	L	T	T	M	J	E	K	O	R	I	J	E	N
U	M	V	O	I	U	A	M	U	Š	R	M	J	Y	L

BAMBUS
BOBICA
LIST
CVIJET
DRVO
GRAH
ŠUMA
KAKTUS
FLORA
LIŠĆE
TRAVA
RASTI
BRŠLJAN
GNOJIVO
MAHOVINA
BOTANIKA
GRM
VRT
VEGETACIJA
KORIJEN

42 - Agronomie

K	U	T	E	Z	A	G	A	Đ	E	N	J	E	G	B
A	G	Đ	P	K	M	K	O	K	O	L	I	Š	N	O
C	A	Z	T	S	O	N	A	N	Z	L	N	T	O	L
H	J	W	S	T	B	L	N	I	P	M	R	M	J	E
H	U	V	A	Z	V	A	O	K	S	O	E	S	I	S
E	N	E	R	G	I	J	A	G	T	G	N	U	V	T
Ć	M	E	E	R	Ž	N	J	A	I	P	M	O	O	I
R	N	L	P	L	R	D	I	Y	N	J	E	C	A	Y
V	O	D	A	V	D	O	Z	H	L	Đ	A	P	Z	L
O	O	T	N	L	O	V	O	S	U	S	T	A	V	I
P	I	S	A	Z	P	Z	R	B	H	C	L	S	A	W
F	V	Y	R	Đ	U	I	E	Y	H	P	L	S	M	Z
T	J	R	H	N	R	O	S	J	E	M	E	N	K	E
T	U	C	Z	S	Z	R	O	R	G	A	N	S	K	I
T	Đ	C	Y	K	V	P	P	Đ	B	Y	K	J	D	L

ODRŽIV
EKOLOGIJA
ENERGIJA
EROZIJA
RAST
POVRĆE
SEOSKO
GNOJIVO
OKOLIŠ

ORGANSKI
PROIZVODNJA
SUSTAVI
ZAGAĐENJE
HRANA
VODA
ZNANOST
SJEMENKE
BOLESTI

43 - Oceaan

P	R	N	O	B	W	U	U	N	Đ	Y	Š	Z	P	S
Z	L	H	O	B	O	T	N	I	C	A	K	A	E	P
H	O	I	A	L	A	R	I	N	S	J	A	B	A	U
V	S	S	M	Y	R	I	P	B	S	L	M	Đ	V	Ž
Y	H	K	S	E	U	B	U	Y	M	U	P	L	L	V
Č	A	M	A	C	A	A	D	H	Đ	G	I	P	T	A
O	Z	V	J	V	M	R	Č	A	A	E	I	K	T	B
C	U	N	U	T	N	Y	M	A	L	J	O	Đ	A	U
Z	D	B	L	D	F	Z	C	F	J	G	Y	J	V	E
G	E	D	O	K	K	T	I	K	U	N	E	N	R	V
Đ	M	Đ	K	Đ	Z	U	B	J	B	C	R	T	A	G
N	U	Đ	Đ	L	M	N	E	B	E	R	G	O	K	F
E	E	G	L	S	I	A	C	I	N	E	M	A	K	G
M	O	R	S	K	I	P	A	S	W	A	N	L	A	V
V	T	K	A	T	Z	C	K	O	R	A	L	J	A	H

JEGULJA
ALGE
ČAMAC
DUPIN
ŠKAMPI
PLIME
MORSKI PAS
KORALJA
RAK
MEDUZA
HOBOTNICA
KAMENICA
GREBEN
KORNJAČA
SPUŽVA
OLUJA
TUNA
RIBA
KIT
SOL

44 - Landen #2

S	I	R	S	K	H	L	W	L	I	U	R	Đ	D	L
I	O	O	T	A	O	S	V	I	H	R	Đ	O	J	A
C	A	M	A	C	Đ	Z	V	B	S	B	S	Đ	F	O
N	A	C	A	G	G	E	S	A	Z	B	U	K	C	S
O	K	V	J	L	A	P	E	N	P	L	K	Y	A	G
L	S	L	I	F	I	Y	B	O	D	D	B	O	K	W
I	U	D	R	V	L	J	I	N	M	Z	R	A	O	R
B	C	P	E	M	D	U	A	N	I	J	A	R	K	U
E	N	Đ	G	T	E	M	A	L	E	Z	I	J	A	S
R	A	J	I	N	E	K	K	P	E	L	G	S	D	I
I	R	A	N	G	C	D	S	S	H	Z	R	I	N	J
J	F	P	B	Z	H	W	N	I	V	B	Č	R	A	A
A	V	A	T	P	J	M	A	K	K	M	K	I	G	V
Z	W	N	J	W	B	U	D	G	Y	O	A	J	U	U
E	T	I	O	P	I	J	A	H	C	I	V	A	T	W

DANSKA
ETIOPIJA
FRANCUSKA
GRČKA
IRSKA
JAPAN
KENIJA
LAOS
LIBANON
LIBERIJA
MALEZIJA
MEKSIKO
NEPAL
NIGERIJA
UGANDA
UKRAJINA
RUSIJA
SOMALIJA
SIRIJA

45 - Bloemen

M	A	S	L	A	Č	A	K	N	F	D	M	R	K	Đ
H	I	B	I	S	K	U	S	P	J	J	U	A	H	P
S	U	N	C	O	K	R	E	T	U	E	Đ	W	K	O
P	A	I	N	U	W	E	D	O	L	T	E	K	U	B
T	L	P	C	L	A	T	I	C	A	E	E	H	J	H
V	R	U	Ž	O	B	T	I	C	N	L	U	Z	N	L
L	Đ	A	M	I	D	O	J	Đ	Z	I	S	F	Z	A
I	L	J	T	E	A	J	I	L	O	N	G	A	M	V
L	B	C	G	I	R	H	M	T	Y	A	I	A	N	A
A	S	P	B	A	N	I	L	J	I	L	J	A	N	N
W	I	G	O	D	K	Č	J	Z	E	S	W	M	I	D
D	C	S	O	V	M	H	I	A	T	I	U	N	M	A
O	R	H	I	D	E	J	A	C	R	U	Ž	A	S	Y
G	A	R	D	E	N	I	J	A	A	S	S	J	A	M
E	N	A	P	I	L	U	T	T	U	G	V	F	J	Z

LATICA
BUKET
GARDENIJA
HIBISKUS
JASMIN
DJETELINA
LAVANDA
LJILJAN
LILA
TRATINČICA
MAGNOLIJA
NARCIS
ORHIDEJA
MASLAČAK
MAK
BOŽUR
PLUMERIJA
RUŽA
TULIPAN
SUNCOKRET

46 - Landschappen

N	V	T	U	R	D	R	H	A	I	P	F	G	P	V
A	R	A	V	Č	O	M	A	Z	R	M	A	E	O	O
E	R	O	M	U	L	V	M	N	E	S	E	J	L	D
C	P	J	O	P	I	M	N	B	Y	U	T	Z	U	O
O	J	Đ	Đ	D	N	A	K	L	U	V	T	I	O	P
R	I	W	O	K	A	J	N	E	D	E	L	R	T	A
T	P	S	W	D	R	J	Đ	V	U	Z	Y	N	O	D
P	J	J	D	O	D	A	N	I	N	A	L	P	K	F
M	V	A	E	R	N	Z	H	I	G	P	Đ	W	S	E
J	P	D	U	E	U	A	N	O	T	O	V	T	T	E
G	E	I	J	Z	T	O	U	O	B	S	Y	L	F	A
J	N	W	L	E	D	E	N	A	T	R	U	U	O	T
Š	P	I	L	J	A	R	R	E	Y	O	D	P	P	A
R	I	J	E	K	A	P	L	A	Ž	A	K	O	P	P
Z	P	T	N	A	T	V	O	L	G	H	B	B	P	P

PLANINA
OTOK
GEJZIR
LEDENJAK
ŠPILJA
BRDO
LEDENA
JEZERO
MOČVARA
OAZA
OCEAN
RIJEKA
POLUOTOK
PLAŽA
TUNDRA
DOLINA
VULKAN
VODOPAD
PUSTINJA
MORE

47 - Tuin

O	R	I	S	D	T	I	A	D	E	D	B	Y	T	K
L	I	O	S	Y	Y	C	V	R	H	O	I	S	Y	O
G	O	G	M	Y	W	F	Y	V	K	S	K	M	R	R
R	V	P	K	V	R	T	U	O	Z	U	Z	M	G	O
A	E	B	A	S	A	R	E	T	E	J	I	V	C	V
B	J	V	J	T	D	J	N	G	A	R	A	Ž	A	Y
L	I	N	N	P	A	T	E	J	Z	W	Z	K	H	U
J	R	I	V	I	R	A	J	O	O	C	S	V	A	U
E	C	L	A	V	G	K	I	U	L	D	E	O	D	A
G	U	O	R	C	O	E	T	N	N	I	H	Ć	V	N
F	R	P	T	W	H	A	S	O	N	B	A	N	I	W
W	N	M	B	W	T	R	A	V	A	M	I	J	S	W
J	U	A	W	V	B	Z	K	L	U	P	A	A	E	E
W	S	R	M	M	G	R	B	H	F	W	Đ	K	Ć	S
S	A	T	R	I	B	N	J	A	K	S	Z	B	A	D

KLUPA
CVIJET
DRVO
VOĆNJAK
GARAŽA
TRAVNJAK
TRAVA
VISEĆA
GRABLJE
OGRADA

KOROV
STIJENE
LOPATA
CRIJEVO
GRM
TERASA
TRAMPOLIN
VRT
RIBNJAK
LOZA

48 - Beroepen #2

S	N	U	Č	I	T	E	L	J	A	Đ	J	I	L	I
K	L	O	I	R	P	L	Z	K	D	K	E	N	L	Z
W	M	I	V	K	L	E	U	Z	W	Y	Z	Ž	I	U
W	Z	B	K	I	T	V	B	M	B	B	I	E	J	M
B	Y	I	I	A	N	A	A	R	P	R	K	N	E	I
U	D	M	V	W	R	A	R	O	Y	V	O	J	Č	T
Đ	Č	A	V	I	Ž	A	R	T	S	I	S	E	N	E
F	O	T	O	G	R	A	F	A	L	T	L	R	I	L
K	T	E	Đ	V	A	F	O	R	H	K	O	B	K	J
Đ	I	P	I	L	O	T	Z	T	B	E	V	V	Z	Y
D	V	R	P	E	H	P	O	S	I	T	A	R	O	Z
L	C	H	U	G	W	B	L	U	O	E	C	T	O	A
B	Đ	S	Đ	R	I	B	I	L	L	D	A	L	L	Y
K	V	R	G	S	G	V	F	I	O	B	C	A	O	Z
A	S	T	R	O	N	A	U	T	G	R	O	R	G	I

LIJEČNIK
ASTRONAUT
BIOLOG
KIRURG
DETEKTIV
FILOZOF
FOTOGRAF
ILUSTRATOR
INŽENJER
NOVINAR
UČITELJ
JEZIKOSLOVAC
ISTRAŽIVAČ
PILOT
SLIKAR
ZUBAR
VRTLAR
IZUMITELJ
ZOOLOG

49 - Dagen en Maanden

O	S	N	E	S	N	L	L	M	T	Y	W	R	G	I
Ž	C	J	I	C	K	T	G	F	K	E	F	O	K	Đ
U	S	E	Đ	O	Y	L	I	S	T	O	P	A	D	L
J	A	T	O	B	U	S	S	I	J	E	Č	A	N	J
A	E	H	U	K	B	F	A	K	O	L	O	V	O	Z
K	M	M	K	D	A	Č	A	J	L	E	V	G	Č	G
U	N	B	I	B	E	L	M	J	E	S	E	C	E	O
J	N	A	P	I	L	N	E	Y	L	F	K	N	T	D
N	T	J	E	D	A	N	I	N	A	J	U	R	V	I
A	D	E	J	I	R	S	W	U	D	L	L	I	R	N
P	E	T	A	K	Y	G	W	E	D	A	H	N	T	A
R	Z	Y	H	I	M	M	Z	I	E	Z	R	A	A	A
S	Đ	P	O	N	E	D	J	E	L	J	A	K	K	H
W	U	T	O	R	A	K	N	E	D	J	E	L	J	A
B	Z	T	S	H	H	K	A	U	Đ	N	P	Z	P	R

KOLOVOZ
UTORAK
ČETVRTAK
VELJAČA
GODINA
SIJEČANJ
SRPANJ
LIPANJ
KALENDAR
MJESEC
PONEDJELJAK
OŽUJAK
STUDENI
LISTOPAD
RUJAN
PETAK
TJEDAN
SRIJEDA
SUBOTA
NEDJELJA

50 - Tuinieren

B	T	V	L	P	C	E	L	I	S	T	S	E	B	L
T	O	V	O	D	A	R	G	G	Z	Y	R	B	L	V
Z	L	T	U	R	P	I	I	Z	A	H	K	U	J	F
C	T	S	A	A	A	U	D	J	O	K	U	K	Z	G
V	S	O	O	N	M	C	R	H	E	T	A	E	Z	H
J	J	P	T	I	I	A	T	S	R	V	I	T	R	J
E	E	M	I	T	L	Č	B	V	Đ	T	O	Č	E	I
T	M	O	C	Š	K	U	K	B	V	C	P	Z	N	P
N	E	K	V	V	R	I	A	I	L	Z	O	T	J	O
I	N	I	I	A	F	B	J	C	A	E	H	M	E	Y
J	K	T	J	J	A	U	N	I	G	A	W	M	T	Đ
A	E	J	E	L	D	V	Ć	M	A	L	Y	T	N	V
R	Y	O	T	R	C	Z	O	D	B	Đ	L	I	O	B
G	D	Z	H	P	Đ	G	V	L	I	Š	Ć	E	K	A
J	E	S	T	I	V	O	S	E	Z	O	N	S	K	I

LIST
CVJETNI
CVIJET
TLO
BUKET
VOĆNJAK
BOTANIČKI
KOMPOST
KONTEJNER
JESTIVO
EGZOTIČNO
LIŠĆE
KLIMA
SEZONSKI
CRIJEVO
VRSTA
VLAGA
PRLJAVŠTINA
VODA
SJEMENKE

51 - Menselijk Lichaam

Ž	E	L	U	D	A	C	Č	V	Z	P	Đ	W	G	P
K	R	V	W	U	T	B	E	V	R	A	T	H	L	Y
Z	H	B	D	V	S	N	L	N	E	W	S	F	E	Y
A	K	Y	J	N	U	O	J	G	O	A	R	R	Ž	P
T	U	M	Đ	B	H	M	U	O	M	A	P	A	A	C
U	R	T	D	P	E	M	S	O	N	G	D	G	N	Y
F	U	R	J	N	F	O	T	K	N	O	G	A	J	M
Đ	K	E	I	F	V	Z	A	O	S	H	U	Ž	R	B
J	A	P	F	U	M	A	K	L	O	U	D	O	R	B
V	E	D	M	W	I	K	A	J	O	Đ	H	K	C	U
A	G	Z	K	Z	Y	D	L	E	L	G	L	D	M	N
L	V	Z	I	R	A	M	E	N	S	K	N	F	W	G
I	M	Y	B	K	E	Z	T	O	O	R	L	K	Y	D
O	Đ	V	D	F	U	G	L	A	V	A	C	R	K	N
Z	F	A	K	Y	K	I	N	K	K	N	C	E	O	G

NOGA
KRV
LAKAT
GLEŽANJ
RUKA
SRCE
MOZAK
GLAVA
KOŽA
ČELJUST

BRADA
KOLJENO
ŽELUDAC
USTA
VRAT
NOS
UHO
RAME
JEZIK
PRST

52 - Energie

T	S	I	Đ	K	Y	O	L	P	B	E	I	P	C	T
I	U	O	V	I	R	O	G	T	L	E	Z	I	D	K
N	F	R	K	I	Z	O	B	M	N	B	N	T	O	O
O	Đ	O	B	O	A	A	D	L	T	A	F	Z	P	H
R	F	T	Z	I	L	M	Y	Đ	O	T	B	Y	I	P
T	D	O	D	C	N	I	N	R	A	E	L	K	U	N
K	A	M	D	D	B	A	Š	K	H	R	A	N	Y	O
E	N	T	R	O	P	I	J	A	N	I	L	P	O	T
L	W	H	H	F	V	R	A	T	E	J	V	M	L	O
E	M	C	L	S	O	V	F	M	R	A	M	P	I	F
C	Y	A	M	H	D	U	G	L	J	I	K	R	L	R
C	P	P	A	J	I	R	T	S	U	D	N	I	I	E
S	P	A	R	A	K	O	B	N	O	V	L	J	I	V
E	L	E	K	T	R	I	Č	N	I	D	V	H	Z	Đ
Z	A	G	A	Đ	E	N	J	E	B	S	B	D	V	I

BATERIJA
BENZIN
GORIVO
DIZEL
ELEKTRIČNI
ELEKTRON
ENTROPIJA
FOTON
OBNOVLJIV
INDUSTRIJA
UGLJIK
MOTOR
NUKLEARNI
OKOLIŠ
PARA
TURBINA
ZAGAĐENJE
TOPLINA
VODIK
VJETAR

53 - Familie

D	I	W	B	P	T	I	J	Y	U	C	Y	B	F	I
J	T	G	L	Y	Y	C	N	U	P	H	W	R	M	P
E	Y	T	K	A	N	B	S	I	N	A	K	A	B	J
T	U	L	O	G	K	N	E	Ć	A	K	O	T	A	C
I	U	A	Ž	U	M	T	T	K	K	C	L	T	T	T
N	Đ	T	W	R	P	Đ	E	O	J	B	E	S	A	B
J	M	C	U	P	I	G	J	T	A	A	Z	J	I	C
S	P	Đ	L	U	M	D	I	J	M	D	M	A	D	S
T	Y	I	T	S	N	V	D	O	Z	U	N	U	K	A
V	O	J	L	V	N	E	Ć	A	K	I	N	J	A	H
O	U	F	N	U	S	E	S	T	R	A	Đ	L	D	A
J	J	D	Y	I	G	D	D	B	Z	N	G	D	E	O
K	A	Đ	Y	B	I	R	U	N	U	Č	E	J	R	I
F	K	E	R	L	O	Č	I	N	S	K	I	E	P	U
O	B	N	T	C	T	C	L	T	S	B	G	D	Y	A

BRAT
KĆI
BAKA
DJETINJSTVO
DIJETE
DJECA
UNUČE
UNUK
MUŽ
MAJKA
NEĆAK
NEĆAKINJA
UJAK
DJED
TETKA
OTAC
OČINSKI
PREDAK
SUPRUGA
SESTRA

54 - Gebouwen

K	S	U	P	E	R	M	A	R	K	E	T	F	Z	S
K	A	E	V	B	L	U	S	G	Đ	Y	D	K	J	V
A	M	Z	J	I	R	O	T	A	R	O	B	A	L	E
B	R	W	A	W	C	N	A	L	T	T	A	C	G	U
I	A	K	C	L	D	I	J	O	V	O	C	I	U	Č
N	F	N	I	S	I	K	A	K	O	R	K	N	Y	I
A	V	O	N	I	I	Š	J	Š	R	A	J	R	U	L
S	H	I	L	R	A	A	T	O	N	N	S	A	J	I
H	T	D	O	P	O	D	G	E	I	J	K	D	D	Š
C	O	A	B	W	Đ	N	S	F	C	U	D	Z	U	T
W	A	T	N	W	R	J	N	M	A	R	D	E	I	E
R	N	S	E	Š	A	T	O	R	H	G	J	J	W	F
L	B	N	U	L	Y	N	Z	D	N	K	S	V	W	C
U	D	V	O	R	A	C	M	U	Z	E	J	Z	F	I
G	A	R	A	Ž	A	K	E	Y	K	H	C	O	A	C

STAN
KINO
FARMA
KABINA
TVORNICA
GARAŽA
HOTEL
DVORAC
LABORATORIJ
MUZEJ

ZVJEZDARNICA
ŠKOLA
STAJA
STADION
SUPERMARKET
ŠATOR
KAZALIŠTE
TORANJ
SVEUČILIŠTE
BOLNICA

55 - Beroepen #1

V	R	Z	W	C	P	I	F	J	A	P	P	U	V	V
L	P	L	L	V	H	S	I	H	S	I	L	R	E	A
E	C	R	U	A	P	V	Đ	G	T	J	E	E	T	T
K	Z	M	V	Đ	T	I	U	E	R	A	S	D	E	R
I	E	R	B	R	M	A	I	R	O	N	A	N	R	O
Y	G	O	L	O	E	G	R	R	N	I	Č	I	I	G
Z	Đ	D	G	A	Z	K	M	A	O	S	I	K	N	A
G	L	A	Z	B	E	N	I	K	M	T	C	W	A	S
O	W	S	L	I	J	E	Č	N	I	K	A	S	R	A
L	Š	A	T	R	O	P	S	A	T	B	J	I	Y	C
O	D	B	O	Y	E	M	H	B	G	E	H	E	L	A
H	J	M	L	K	I	N	R	A	K	E	J	L	T	V
I	R	A	Č	I	N	A	H	E	M	K	S	V	Z	O
S	K	A	R	T	O	G	R	A	F	F	E	M	D	L
P	Z	N	A	N	S	T	V	E	N	I	K	R	J	O

ODVJETNIK
AMBASADOR
LJEKARNIK
ASTRONOM
SPORTAŠ
BANKAR
VATROGASAC
KARTOGRAF
PLESAČICA
VETERINAR
LIJEČNIK
UREDNIK
GEOLOG
LOVAC
ZLATAR
MEHANIČAR
GLAZBENIK
PIJANIST
PSIHOLOG
ZNANSTVENIK

56 - Antarctica

Z	J	Đ	T	W	K	O	N	T	I	N	E	N	T	Z
P	A	T	I	V	O	N	E	J	T	S	T	G	P	N
O	A	L	U	H	E	C	B	P	L	S	O	E	I	A
L	R	N	J	T	G	G	Đ	Z	O	G	P	O	N	N
U	U	Y	L	E	O	J	G	I	J	Đ	O	G	G	S
O	T	I	Y	C	V	L	G	Đ	D	N	G	R	V	T
T	A	J	I	C	A	R	G	I	M	J	R	A	I	V
O	R	L	E	D	E	N	J	A	C	I	A	F	N	E
K	E	O	K	O	L	I	Š	T	J	O	F	I	I	N
B	P	V	O	D	A	K	Z	B	S	P	I	J	I	Y
L	M	M	I	N	E	R	A	L	I	W	J	A	C	H
Y	E	O	B	L	A	C	I	E	K	U	A	Đ	D	G
M	T	D	D	E	K	S	P	E	D	I	C	I	J	A
K	O	N	Z	E	R	V	A	C	I	J	A	M	L	Z
O	T	O	C	I	I	S	T	R	A	Ž	I	V	A	Č

ZALJEV
KONZERVACIJA
KONTINENT
OTOCI
EKSPEDICIJA
GEOGRAFIJA
LEDENJACI
LED
MIGRACIJA
MINERALI
OKOLIŠ
ISTRAŽIVAČ
PINGVINI
STJENOVITA
POLUOTOK
TEMPERATURA
TOPOGRAFIJA
VODA
ZNANSTVEN
OBLACI

57 - Ballet

Đ	Z	W	R	P	R	P	L	J	E	S	A	K	U	S
P	R	F	D	Y	R	I	W	C	J	K	N	C	M	K
F	R	W	K	Y	D	O	T	T	Z	O	M	M	J	L
R	J	A	F	M	T	G	B	A	L	R	I	T	E	A
E	N	R	K	S	T	I	L	A	M	E	Š	S	T	D
Y	R	D	V	S	L	M	U	B	H	O	I	O	N	A
N	A	J	A	Ž	A	R	Z	I	K	G	Ć	R	I	T
Đ	G	L	A	Z	B	A	L	W	T	R	I	K	Č	E
P	Y	Z	W	U	Z	K	S	B	J	A	S	E	K	L
I	N	T	E	N	Z	I	T	E	T	F	N	S	I	J
T	S	T	T	C	J	L	G	A	Đ	I	C	T	O	O
C	R	M	M	N	B	B	P	B	I	J	P	A	A	N
L	M	B	J	F	A	U	J	Y	P	A	W	R	J	A
G	E	S	T	A	D	P	P	L	E	S	A	Č	I	R
B	A	L	E	R	I	N	A	T	E	H	N	I	K	A

PLJESAK
UMJETNIČKI
BALERINA
KOREOGRAFIJA
SKLADATELJ
PLESAČI
IZRAŽAJAN
GESTA
INTENZITET

GLAZBA
ORKESTAR
PRAKSA
PUBLIKA
PROBA
RITAM
MIŠIĆI
STIL
TEHNIKA

58 - Fruit

M	C	O	I	H	N	S	O	K	O	K	I	P	P	O
A	K	Š	U	R	K	A	G	R	O	Ž	Đ	E	Z	T
R	L	P	Z	D	E	N	R	C	P	D	I	N	J	A
E	J	Đ	K	B	Y	A	N	A	N	A	B	Š	S	C
L	F	C	L	O	G	N	A	M	N	Đ	S	L	A	I
I	V	I	K	V	S	A	S	H	L	Č	T	J	V	B
C	B	R	E	S	K	V	A	M	I	T	A	I	O	O
A	P	A	P	A	J	A	R	M	O	G	F	V	K	B
B	S	P	V	I	S	O	G	V	T	K	N	A	A	J
H	A	S	N	Y	S	C	Y	J	R	W	V	B	D	J
K	K	N	R	S	A	S	G	L	E	K	E	A	O	Z
U	M	Z	I	V	H	I	R	G	Š	Y	Z	K	Z	J
E	P	I	H	L	N	J	Đ	F	N	I	T	N	S	Z
J	A	B	U	K	A	C	S	W	J	A	G	I	W	T
B	C	N	I	L	I	M	U	N	A	K	C	K	S	L

MARELICA
ANANAS
JABUKA
AVOKADO
BANANA
BOBICA
LIMUN
GROŽĐE
MALINA
TREŠNJA
KIVI
KOKOS
MANGO
DINJA
NARANČA
PAPAJA
KRUŠKA
BRESKVA
ŠLJIVA
SMOKVA

59 - Engineering

P	D	Y	T	V	L	I	Z	R	A	Č	U	N	E	V
O	I	V	E	W	C	S	T	R	E	N	J	E	U	G
K	J	Y	K	C	Z	E	V	Y	J	K	O	N	O	C
R	A	D	U	V	A	J	I	G	R	E	N	E	Z	T
E	G	D	Ć	U	J	N	B	O	Z	F	A	D	J	S
T	R	U	I	E	I	E	R	C	S	Đ	J	R	H	O
V	A	B	N	E	C	R	P	V	P	Z	P	V	H	N
K	M	I	A	B	A	E	N	Đ	K	D	I	Z	E	L
V	T	N	B	S	T	J	P	Z	R	U	D	D	I	I
G	U	A	P	R	O	M	J	E	R	M	T	W	B	B
J	P	S	S	D	R	B	G	H	P	O	T	P	O	A
O	I	Z	G	R	A	D	N	J	A	T	Y	P	A	T
R	V	T	Đ	S	N	A	G	A	G	O	J	J	L	S
T	M	P	O	G	O	N	M	S	Đ	R	V	K	U	I
S	T	R	U	K	T	U	R	A	K	Đ	L	O	C	P

OS
IZRAČUN
POKRET
IZGRADNJA
DIJAGRAM
PROMJER
DUBINA
DIZEL
ENERGIJA
KUT
SNAGA
STROJ
MJERENJE
MOTOR
ROTACIJA
STABILNOST
STRUKTURA
TEKUĆINA
POGON
TRENJE

60 - Literatuur

V	B	N	F	F	A	J	I	D	E	G	A	R	T	V
E	I	W	I	A	N	P	R	V	E	V	C	O	C	Đ
B	O	Đ	K	E	A	Z	I	L	A	N	A	T	I	W
Đ	G	I	C	B	L	I	Y	R	P	D	N	U	L	F
M	R	C	I	A	O	T	G	M	U	J	W	A	W	F
I	A	W	J	A	G	C	M	U	W	D	E	D	M	G
Š	F	T	A	M	I	R	Z	D	W	I	A	S	Đ	U
L	I	R	I	A	J	F	B	V	T	J	O	H	M	H
J	J	F	M	R	A	A	R	O	F	A	T	E	M	A
E	A	R	O	M	A	N	M	J	T	L	I	T	S	O
N	E	T	L	Y	A	B	D	E	R	O	P	S	U	H
J	A	N	E	G	D	O	T	A	T	G	N	W	K	H
E	P	J	E	S	N	I	Č	K	I	Z	N	M	T	A
E	Đ	Z	H	T	Z	A	K	L	J	U	Č	A	K	M
P	R	I	P	O	V	J	E	D	A	Č	V	S	T	P

ANALOGIJA
ANALIZA
ANEGDOTA
AUTOR
BIOGRAFIJA
ZAKLJUČAK
DIJALOG
FIKCIJA
PJESMA
MIŠLJENJE
METAFORA
PJESNIČKI
RIMA
RITAM
ROMAN
STIL
TEMA
TRAGEDIJA
USPOREDBA
PRIPOVJEDAČ

61 - Boeken

L	F	D	A	C	I	N	A	R	T	S	A	G	W	S
I	M	U	M	E	N	A	M	O	R	C	H	T	Y	A
T	E	A	S	R	V	P	O	E	Z	I	J	A	Đ	J
E	J	L	E	J	E	K	O	N	T	E	K	S	T	C
R	A	N	J	W	N	B	A	V	A	N	T	U	R	A
A	U	O	P	G	T	T	R	A	G	I	Č	N	O	R
R	T	S	T	C	I	P	E	K	M	K	I	Đ	M	E
N	O	T	S	G	V	A	R	R	H	L	E	E	U	L
I	R	T	P	E	N	A	S	I	P	A	N	Đ	P	E
Č	I	T	A	Č	I	H	Y	B	Č	V	H	N	V	V
D	U	H	O	V	I	T	L	Z	C	A	O	S	W	A
P	O	V	I	J	E	S	N	I	A	U	E	K	Đ	N
P	R	I	P	O	V	J	E	D	A	Č	Z	J	W	T
O	P	W	E	H	M	A	D	H	R	D	P	T	P	A
A	F	D	W	K	S	V	J	O	D	A	M	G	N	N

AUTOR
AVANTURA
STRANICA
ZBIRKA
KONTEKST
DUALNOST
EP
PJESMA
NAPISAN
POVIJESNI
DUHOVIT
INVENTIVNI
ČITAČ
LITERARNI
POEZIJA
RELEVANTAN
ROMAN
TRAGIČNO
PRIČA
PRIPOVJEDAČ

62 - Meer Informatie

Z	T	D	P	E	A	P	H	H	I	G	I	I	K	F
T	A	I	R	P	D	T	S	Y	J	V	L	R	I	U
C	J	S	O	F	L	V	A	T	R	A	U	O	E	T
Y	A	T	R	A	K	A	Y	C	U	J	Z	B	S	U
A	N	O	O	N	R	J	N	H	Y	I	I	O	C	R
J	S	P	Č	T	A	I	E	E	Z	S	J	T	E	I
I	T	I	I	A	J	P	J	L	T	K	A	I	N	S
G	V	J	Š	S	N	O	L	D	J	A	Z	K	A	T
O	E	A	T	T	O	T	Š	O	N	L	A	E	R	I
L	N	A	E	I	S	U	I	K	E	A	R	G	I	Č
O	I	T	S	Č	T	S	M	B	I	G	U	I	J	K
N	I	T	Z	A	Đ	S	A	Y	K	N	D	J	P	I
H	Y	U	V	N	U	S	Z	B	U	D	O	N	N	L
E	K	S	P	L	O	Z	I	J	A	C	T	K	B	W
T	F	M	K	D	L	C	C	I	S	V	I	J	E	T

KINO
KNJIGE
VATRA
ZAMIŠLJEN
DISTOPIJA
EKSPLOZIJA
KRAJNOST
FANTASTIČAN
FUTURISTIČKI
ILUZIJA
TAJANSTVENI
PROROČIŠTE
PLANETA
REALNO
ROBOTI
SCENARIJ
GALAKSIJA
TEHNOLOGIJA
UTOPIJA
SVIJET

63 - Regenwoud

M	B	U	G	M	R	M	C	C	A	T	T	A	O	O
P	O	E	O	G	V	I	G	E	W	S	G	U	Č	P
R	T	E	E	A	I	C	A	L	B	O	V	T	U	S
I	A	T	S	F	U	A	U	N	U	K	C	O	V	T
R	N	Š	G	Z	I	C	V	A	S	I	S	H	A	A
O	I	I	C	K	U	K	N	D	O	L	K	T	N	N
D	Č	Č	C	A	V	O	N	B	O	O	U	O	J	A
A	K	O	M	M	A	H	O	V	I	N	A	N	E	K
H	I	T	A	I	E	A	D	G	Z	Z	T	O	G	S
F	P	U	R	L	B	Z	Z	Ž	K	A	S	F	A	Y
F	V	J	Đ	K	L	P	O	P	U	R	R	L	G	T
V	R	I	J	E	D	A	N	D	T	N	V	I	E	U
A	Y	Đ	K	C	V	I	L	E	O	I	G	P	J	F
P	O	Š	T	O	V	A	N	J	E	V	C	L	R	K
D	Z	A	J	E	D	N	I	C	A	M	F	E	A	A

VODOZEMCI
OČUVANJE
BOTANIČKI
RAZNOLIKOST
ZAJEDNICA
AUTOHTONO
KUKCI
DŽUNGLA
KLIMA
MAHOVINA
PRIRODA
OPSTANAK
POŠTOVANJE
OBNOVA
VRSTA
UTOČIŠTE
PTICE
VRIJEDAN
OBLACI
SISAVCI

64 - Haartypes

Y	R	A	P	R	C	K	A	N	A	T	O	D	N	M
J	S	D	Y	L	B	F	R	K	D	C	E	Đ	V	F
G	A	E	U	A	A	J	O	A	N	E	T	E	L	P
I	M	K	C	A	Y	V	G	L	T	F	M	M	D	T
T	L	G	Đ	R	H	A	U	S	B	A	U	S	K	I
K	O	V	R	Č	E	L	D	Š	R	A	K	H	R	Đ
S	J	A	J	A	N	E	L	M	A	R	B	D	C	H
B	Đ	O	G	N	A	Ć	V	A	L	O	V	I	T	A
S	S	D	R	R	K	H	A	M	S	H	R	L	L	V
U	Đ	I	B	C	E	U	R	N	R	U	V	E	V	A
N	N	P	V	A	M	Đ	D	K	E	S	K	J	L	Č
T	A	P	W	A	T	R	Z	N	B	Z	K	I	A	R
P	L	E	T	E	N	I	C	E	R	I	N	B	Y	V
C	P	O	U	Y	R	K	E	M	O	E	B	E	D	O
U	I	N	M	R	G	J	B	Y	N	B	Z	L	P	K

PLAVUŠA
SMEĐ
DEBEO
SUHO
TANAK
PLETENA
ZDRAV
SJAJAN
VALOVITA
SIVA
ĆELAV
KRATAK
KOVRČE
KOVRČAVA
DUGO
PLETENICE
BIJELI
MEKAN
SREBRO
CRNA

65 - Stad

K	Z	K	N	J	I	Ž	A	R	A	E	Z	A	K	U
K	A	O	K	Z	I	F	J	K	B	T	C	T	N	K
Z	I	Z	O	Z	B	P	A	N	R	A	K	E	J	L
R	Y	N	A	L	G	A	L	E	R	I	J	A	I	Š
A	L	S	O	L	O	D	R	N	B	I	E	R	Ž	K
Č	A	T	K	Đ	I	Š	P	R	Y	T	Z	A	N	O
N	V	A	L	K	R	Š	K	W	V	I	U	K	I	L
A	V	D	I	M	A	R	T	I	P	N	M	E	C	A
L	T	I	N	O	Ć	N	J	E	V	A	L	P	A	K
U	R	O	I	T	E	K	R	A	M	R	E	P	U	S
K	Ž	N	K	Đ	J	H	K	K	L	H	T	H	B	L
A	I	C	A	H	V	G	A	N	B	O	O	Z	O	T
B	Š	J	U	I	C	P	Z	A	F	P	H	O	A	L
W	T	D	Z	G	M	O	V	B	E	B	Z	L	I	Y
V	E	T	Š	I	L	I	Č	U	E	V	S	M	U	B

LJEKARNA
PEKARA
BANKA
KNJIŽNICA
KINO
CVJEĆAR
KNJIŽARA
ZOOLOŠKI VRT
GALERIJA
HOTEL
KLINIKA
ZRAČNA LUKA
TRŽIŠTE
MUZEJ
ŠKOLA
STADION
SUPERMARKET
KAZALIŠTE
SVEUČILIŠTE
POHRANITI

66 - Creativiteit

S	P	O	N	T	A	N	O	S	M	W	T	H	C	U
I	Z	R	A	Z	I	J	P	L	L	A	I	U	Đ	M
R	W	G	N	W	C	M	A	A	M	I	Š	E	E	J
M	T	B	C	E	I	Đ	Z	S	G	U	K	T	B	E
V	I	T	A	L	N	O	S	T	N	K	W	A	A	T
K	D	T	U	Đ	V	A	N	O	P	O	I	E	J	N
C	W	E	R	L	I	J	A	G	V	T	Ć	J	I	I
A	U	T	E	N	T	I	Č	N	O	S	T	A	C	Č
N	A	I	J	O	N	C	I	E	D	O	K	Ć	A	K
I	G	Z	I	S	E	I	T	M	O	N	Đ	E	R	I
T	A	N	Z	J	V	U	A	O	J	D	S	J	I	Đ
Š	H	E	I	E	N	T	M	C	A	I	K	S	P	L
E	A	T	V	Ć	I	N	A	I	M	U	O	O	S	A
J	D	N	E	A	H	I	R	J	E	L	A	M	N	M
V	A	I	B	J	B	I	D	E	Y	F	T	D	I	N

UMJETNIČKI
SLIKA
DRAMATIČAN
AUTENTIČNOST
EMOCIJE
OSJEĆAJ
OSJEĆAJE
JASNOĆA
DOJAM
INSPIRACIJA
INTENZITET
INTUICIJA
INVENTIVNI
SPONTANO
IZRAZ
VJEŠTINA
MAŠTA
VIZIJE
VITALNOST
FLUIDNOST

67 - Natuur

M	E	R	S	E	L	E	Č	P	L	Z	Đ	U	U	U
J	T	C	D	O	J	N	E	O	S	I	Z	S	M	K
Y	N	A	D	J	C	N	N	B	P	E	Š	W	R	W
N	A	Č	I	M	A	N	I	D	O	O	Š	Ć	R	S
L	L	B	V	C	J	T	N	T	K	G	U	Z	E	E
J	G	Đ	L	P	N	R	A	Đ	O	D	M	B	B	R
E	A	D	J	I	I	O	L	H	J	V	A	S	C	O
P	M	R	I	B	T	P	P	N	A	T	I	B	L	Z
O	D	S	N	B	S	S	Z	I	N	J	W	Ž	E	I
T	J	V	P	H	U	K	M	C	N	F	B	O	D	J
A	T	P	L	B	P	I	C	W	J	R	J	B	E	A
R	I	J	E	K	A	A	R	K	T	I	K	L	N	D
P	M	A	S	V	E	T	I	Š	T	E	O	A	J	D
S	K	L	O	N	I	Š	T	E	B	C	O	C	A	W
V	U	H	Z	V	U	R	V	E	H	V	F	I	K	R

ARKTIK
PLANINE
PČELE
ŠUMA
ŽIVOTINJE
DINAMIČAN
EROZIJA
LIŠĆE
LEDENJAK
SVETIŠTE
MAGLA
RIJEKA
LJEPOTA
SKLONIŠTE
SPOKOJAN
TROPSKI
BITAN
DIVLJI
PUSTINJA
OBLACI

68 - Zoogdieren

T	S	U	D	P	K	F	V	H	U	S	V	P	H	G
J	B	J	C	M	H	F	L	C	B	G	U	V	S	P
W	O	L	M	H	Ž	T	W	S	B	B	K	F	K	E
R	Đ	G	W	I	I	G	E	F	Y	U	M	K	R	N
R	B	J	O	L	R	K	V	U	M	N	L	O	V	W
L	Z	F	I	A	A	Y	W	I	S	M	Z	J	S	D
D	N	G	J	V	F	B	U	F	W	E	E	O	N	W
L	E	D	P	M	A	C	S	E	B	O	C	T	V	V
M	R	V	Y	A	L	T	N	U	M	J	A	M	Đ	H
L	A	C	A	Č	N	I	I	Đ	T	N	S	C	N	G
L	G	Y	Z	K	G	S	P	K	L	O	K	A	N	S
K	Y	A	O	A	Y	K	U	S	S	K	I	B	P	L
D	R	G	K	A	V	I	D	D	A	B	A	R	S	O
U	G	G	O	R	I	L	A	L	I	S	I	C	A	N
C	D	Y	M	A	G	A	R	A	C	T	Đ	D	A	U

MAJMUN
DABAR
KOJOT
DUPIN
MAGARAC
KOZA
ŽIRAFA
GORILA
PAS
DEVA

KLOKAN
MAČKA
ZEC
LAV
SLON
KONJ
BIK
LISICA
KIT
VUK

69 - Overheid

U	L	E	C	H	D	O	R	A	N	O	K	A	Z	T
S	Đ	L	U	L	E	J	E	D	N	A	K	O	S	T
T	E	Z	Y	Y	M	B	S	N	M	Đ	Đ	B	I	V
A	V	A	R	P	O	N	U	Y	I	K	Z	O	F	I
V	R	P	P	D	K	B	R	K	R	M	H	E	V	J
S	A	O	R	R	R	U	L	C	N	Y	S	P	B	U
L	S	L	A	Ž	A	S	P	D	O	O	D	H	W	H
O	P	I	V	A	C	I	K	S	N	A	Đ	A	R	G
B	R	T	D	V	I	M	G	I	I	E	A	V	K	S
O	A	I	A	A	J	B	U	O	N	R	U	B	U	U
D	V	K	T	R	A	O	R	Z	V	E	K	M	E	D
A	A	A	V	W	J	L	K	E	Z	O	M	Z	M	S
W	N	Z	G	J	R	M	O	H	K	C	R	O	V	K
D	R	Ž	A	V	L	J	A	N	S	T	V	O	P	I
F	S	L	M	D	J	A	A	K	K	Đ	Đ	G	E	S

DRŽAVLJANSTVO
GRAĐANSKI
DEMOKRACIJA
RASPRAVA
JEDNAKOST
SUDSKI
PRAVDA
USTAV
VOĐA
SPOMENIK
NAROD
POLITIKA
PRAVA
MIRNO
DRŽAVA
SIMBOL
GOVOR
SLOBODA
ZAKON
OKRUG

70 - Voertuigen

C	D	W	K	K	P	S	R	O	T	O	M	S	R	B
Č	A	M	A	C	O	K	M	A	B	E	E	W	L	I
P	T	W	H	I	D	U	A	A	K	T	D	G	P	C
V	R	O	E	P	M	T	L	U	V	E	M	U	G	I
I	A	W	L	C	O	E	I	B	T	R	T	W	C	K
H	J	S	I	W	R	R	B	D	R	O	Z	A	C	L
I	E	P	K	T	N	K	O	V	K	T	B	V	A	D
T	K	L	O	K	I	B	M	O	K	K	R	U	M	K
N	T	A	P	N	C	M	O	L	Y	A	Z	R	S	M
A	Z	V	T	O	A	V	T	P	W	R	V	L	A	K
P	G	D	E	I	P	B	U	O	T	T	Đ	W	M	B
O	U	G	R	M	G	L	A	K	O	A	V	G	T	A
M	K	A	R	A	V	A	N	A	W	K	K	J	G	Z
O	I	C	K	K	T	H	Y	R	T	T	L	S	I	U
Ć	Z	U	T	J	L	V	T	Z	C	J	C	R	I	U

HITNA POMOĆ
AUTOMOBIL
GUME
KOMBI
ČAMAC
AUTOBUS
KARAVAN
BICIKL
HELIKOPTER
MOTOR
PODMORNICA
RAKETA
SKUTER
TAKSI
TRAKTOR
VLAK
TRAJEKT
ZRAKOPLOV
SPLAV
KAMION

71 - Geografie

R	O	F	C	Z	U	R	L	T	Z	Đ	I	S	E	D
J	U	G	U	J	L	R	B	M	Y	U	I	J	K	V
G	C	S	Z	P	O	P	U	D	O	S	V	E	V	M
E	W	U	P	A	K	E	J	I	R	R	M	V	A	O
W	F	I	N	U	P	N	L	O	T	T	E	E	T	C
Š	I	R	I	N	A	A	J	L	M	E	Z	R	O	E
G	L	S	O	L	N	K	D	T	O	J	H	K	R	A
M	E	R	I	D	I	J	A	N	T	I	E	A	P	N
R	P	S	O	D	S	H	R	E	O	V	M	R	L	L
M	E	E	A	H	I	R	G	N	K	S	I	T	A	J
F	H	G	V	H	V	F	V	I	T	A	S	A	N	L
O	G	W	I	P	P	S	K	T	S	L	F	D	I	H
J	R	F	T	J	Y	V	D	N	I	T	E	B	N	U
L	N	I	P	P	A	Z	C	O	R	A	R	Đ	A	U
Đ	I	V	Y	H	Z	M	Đ	K	O	B	A	E	K	H

ATLAS
PLANINA
ŠIRINA
KONTINENT
OTOK
EKVATOR
HEMISFERA
VISINA
KARTA
ZEMLJA
MERIDIJAN
SJEVER
OCEAN
REGIJA
RIJEKA
GRAD
SVIJET
ZAPAD
MORE
JUG

72 - Barbecues

U	D	B	D	A	C	O	M	N	L	K	R	W	R	P
W	W	D	I	A	A	M	N	S	L	E	L	P	W	G
V	I	K	H	O	E	C	I	Č	J	A	R	Z	R	F
T	V	R	U	Ć	E	U	L	N	Z	W	O	Đ	N	R
H	E	K	H	L	Ć	U	M	B	W	H	Š	R	H	A
Z	Ž	R	R	O	O	E	D	A	L	G	T	N	K	O
E	O	S	Đ	S	V	C	P	B	K	L	I	P	O	B
I	N	T	P	O	Z	I	V	Z	A	N	L	Y	F	I
C	M	V	E	R	P	L	T	A	Č	I	J	I	U	T
E	B	E	T	J	D	I	H	L	U	H	A	H	Z	E
Y	N	Č	A	A	L	V	Y	G	R	A	P	A	P	L
O	Đ	E	L	P	I	L	E	T	I	N	A	B	F	J
J	A	R	A	B	D	K	B	P	O	V	R	Ć	E	W
G	U	A	S	C	K	J	Y	R	W	L	S	D	F	B
C	J	T	M	U	D	O	Đ	V	Y	R	W	H	F	Đ

VEČERA
OBITELJ
VOĆE
ROŠTILJ
POVRĆE
VRUĆE
GLAD
PILETINA
RUČAK
NOŽEVI
GLAZBA
PAPAR
SALATE
UMAK
RAJČICE
LUK
POZIV
VILICE
LJETO
SOL

73 - Schoonheid

P	K	O	Z	M	E	T	I	K	A	Ž	O	K	A	V
A	R	A	K	S	A	M	N	W	R	M	Š	A	R	M
V	O	O	M	H	Y	H	P	J	Z	U	R	Š	D	W
N	A	Č	I	N	E	G	O	T	O	F	Ž	K	B	C
O	J	E	F	Z	M	I	L	O	S	T	H	A	U	D
P	L	L	D	T	V	E	N	W	I	L	Y	R	D	A
M	U	E	C	U	M	O	D	T	T	C	A	E	S	V
A	L	G	A	K	M	V	D	S	E	Č	R	V	O	K
Š	Đ	A	C	J	O	I	B	I	G	P	I	Đ	Y	Š
O	E	N	B	O	J	A	R	L	U	B	C	C	W	M
S	N	T	N	Y	I	M	L	I	L	Y	K	Y	H	I
D	H	A	P	G	V	D	L	T	S	Đ	L	P	E	N
C	K	N	L	B	I	C	B	S	U	C	I	O	Y	K
E	L	E	G	A	N	C	I	J	A	K	A	Y	P	A
O	G	L	E	D	A	L	O	A	Đ	H	S	Đ	P	S

ŠARM
KOZMETIKA
USLUGE
ELEGANTAN
ELEGANCIJA
FOTOGENIČAN
MILOST
MIRIS
KOŽA
BOJA
KOVRČE
RUŽ
MASKARA
ULJA
PROIZVODI
ŠKARE
ŠAMPON
OGLEDALO
STILIST
ŠMINKA

74 - Wetenschappelijke Discip

P	D	B	P	N	G	S	L	Z	H	T	R	P	A	B
E	M	D	C	C	R	O	N	H	K	E	O	S	S	I
C	A	J	I	G	O	L	O	K	E	R	B	I	T	O
M	J	Z	T	R	G	M	L	I	T	M	O	H	R	L
G	I	B	L	J	J	Y	A	S	D	O	T	O	O	O
E	G	N	O	E	Y	Z	C	H	W	D	I	L	N	G
O	O	A	E	T	Đ	O	I	R	G	I	K	O	O	I
L	L	W	N	R	A	S	B	A	T	N	A	G	M	J
O	O	D	Z	A	A	N	C	N	G	A	R	I	I	A
G	E	B	B	S	T	L	I	A	G	M	L	J	J	I
I	H	U	Đ	K	V	O	O	K	A	I	S	A	A	M
J	R	E	M	Y	P	C	M	G	A	K	F	P	S	Đ
A	A	K	E	M	I	J	A	I	I	A	H	Z	I	V
M	E	H	A	N	I	K	A	T	J	J	K	N	Đ	P
B	I	O	K	E	M	I	J	A	F	A	A	C	K	J

ANATOMIJA
ARHEOLOGIJA
ASTRONOMIJA
BIOKEMIJA
BIOLOGIJA
KEMIJA
EKOLOGIJA
GEOLOGIJA
MEHANIKA
MINERALOGIJA
BOTANIKA
PSIHOLOGIJA
ROBOTIKA
TERMODINAMIKA
ISHRANA

75 - Bijvoeglijke Naamwoorden

U	Y	I	Đ	N	P	P	Đ	F	Đ	E	O	K	J	L
J	J	N	A	A	O	G	O	M	L	D	N	R	A	D
H	H	V	N	D	N	V	G	S	D	V	Č	E	K	I
O	L	I	A	A	B	G	O	U	P	M	I	A	R	V
D	S	T	Č	L	Y	P	J	C	Đ	A	T	T	G	L
G	L	K	I	G	S	N	O	E	R	I	N	I	P	J
O	A	U	T	S	I	Č	J	N	Z	R	E	V	Z	I
V	N	D	A	R	O	V	I	T	O	C	T	N	D	N
O	F	O	M	S	N	Y	R	K	O	S	U	I	R	S
R	B	R	A	G	D	Đ	F	T	Đ	G	A	R	A	I
A	M	P	R	U	O	T	M	E	B	T	L	N	V	P
N	B	P	D	M	R	U	M	O	R	N	I	I	T	O
N	F	J	Z	Đ	I	N	O	R	M	A	L	A	N	O
S	Đ	N	G	M	R	Z	A	N	I	M	L	J	I	V
O	I	R	C	W	P	V	B	R	G	T	T	P	O	I

AUTENTIČNO
DAROVIT
OPISNI
KREATIVNI
DRAMATIČAN
ZDRAV
GLADAN
ZANIMLJIV
UMORNI
PRIRODNO
NOVO
NORMALAN
PRODUKTIVNI
POSPAN
JAK
PONOSAN
ODGOVORAN
DIVLJI
SLAN
ČIST

76 - Kleding

P	Y	M	D	S	Đ	S	Y	C	D	M	S	W	J	J
J	I	E	O	O	M	U	Y	I	R	L	B	U	W	F
Đ	W	D	Y	D	R	K	T	P	E	P	S	P	E	G
N	V	E	Ž	Z	A	N	O	E	P	A	R	A	Č	T
W	H	V	B	A	Y	J	P	L	M	J	M	R	A	P
O	O	N	L	D	M	A	R	A	E	L	V	U	L	O
H	G	L	N	Z	V	A	Đ	H	Ž	U	T	K	H	J
A	F	R	K	A	P	U	T	S	D	Š	S	A	E	A
L	Đ	S	L	Š	A	L	K	W	S	O	A	V	N	S
J	S	Y	U	I	B	L	U	Z	A	K	N	I	Y	N
I	K	U	P	O	C	W	S	B	Š	D	D	C	U	C
N	J	Y	I	U	P	A	E	Y	E	L	A	E	Đ	V
A	Č	A	G	E	R	P	R	G	Š	M	L	S	O	W
N	A	R	U	K	V	I	C	A	I	J	E	K	K	W
J	A	K	N	A	G	C	R	W	R	B	R	P	Đ	W

NARUKVICA
BLUZA
HLAČE
RUKAVICE
ŠEŠIR
KAPUT
JAKNA
HALJINA
OGRLICA
MODA
PIDŽAMA
POJAS
SUKNJA
SANDALE
CIPELA
PREGAČA
KOŠULJA
ŠAL
ČARAPE
DŽEMPER

77 - Vliegtuigen

D	A	Đ	K	F	I	B	G	J	P	A	Z	C	A	I
I	A	M	Đ	F	K	A	N	Z	L	I	R	I	Z	Z
Z	O	J	S	M	J	L	E	S	S	N	L	E	D	G
A	N	I	S	I	V	O	B	U	B	I	D	O	M	R
J	P	Z	D	A	P	N	O	S	M	J	E	R	T	A
N	S	P	R	O	P	E	L	E	R	I	A	P	R	D
T	G	L	B	T	D	Z	Z	C	R	O	T	O	M	N
S	K	I	I	U	M	R	C	C	W	Z	M	S	G	J
E	I	Z	R	J	Z	A	P	D	M	V	O	A	O	A
J	N	L	H	N	E	K	V	O	E	V	S	D	R	N
I	T	P	A	R	U	T	N	A	V	A	F	A	I	F
V	U	A	Đ	Z	R	Z	A	S	D	W	E	N	V	F
O	P	F	R	V	A	R	I	N	U	Đ	R	L	O	R
P	V	O	D	I	K	K	Đ	W	J	G	A	M	Y	D
N	G	P	M	H	I	L	G	U	T	E	S	Y	J	V

SILAZAK
ATMOSFERA
AVANTURA
BALON
POSADA
IZGRADNJA
GORIVO
POVIJEST
NEBO
VISINA
SLIJETANJE
ZRAK
MOTOR
DIZAJN
PUTNIK
PILOT
PROPELERI
SMJER
VODIK

78 - Herbalisme

S	L	A	V	A	N	D	A	H	J	Š	O	F	Z	N
A	H	I	R	R	Č	T	B	H	K	A	Đ	K	R	I
S	L	N	I	Š	R	E	P	A	B	F	L	M	U	K
T	O	E	K	N	U	J	Š	O	K	R	V	D	V	S
O	Y	L	L	A	Ž	I	U	N	A	A	J	R	A	R
J	A	E	B	W	M	V	M	A	J	N	T	A	T	A
A	K	Z	J	G	A	C	F	G	L	A	I	P	E	N
K	O	O	D	O	R	A	L	I	I	J	K	O	T	I
A	O	I	R	U	I	O	M	R	S	I	S	K	I	L
S	B	H	A	R	N	D	Z	O	O	M	T	L	L	U
H	B	Z	G	D	U	P	Y	R	B	I	A	A	A	K
C	Z	U	U	P	I	R	H	M	T	T	M	A	V	A
D	G	Đ	L	C	U	Č	A	R	O	M	O	K	K	Z
R	V	J	J	F	B	D	P	J	D	K	R	Y	G	J
C	K	I	A	R	P	M	A	Ž	U	R	A	N	A	C

AROMATSKI
BOSILJAK
CVIJET
KULINARSKI
KOPAR
DRAGULJ
ZELEN
SASTOJAK
ČEŠNJAK
KVALITETA
LAVANDA
MAŽURAN
ORIGANO
PERŠIN
RUŽMARIN
ŠAFRAN
OKUS
TIMIJAN
VRT
KOMORAČ

79 - Kracht en Zwaartekracht

B	R	Z	I	N	A	N	I	Ž	E	T	W	K	G	U
U	A	Đ	L	E	K	P	G	B	L	H	E	S	M	D
D	B	Y	V	E	I	U	P	E	H	U	F	T	P	A
A	N	E	T	E	N	A	L	P	N	A	I	M	Z	R
L	N	J	E	E	A	D	P	D	I	V	Z	K	U	A
J	Y	G	R	A	H	B	I	R	E	A	I	A	B	C
E	N	B	K	U	E	T	H	N	I	V	K	V	V	J
N	O	H	O	V	M	W	B	P	A	T	A	O	P	O
O	U	M	P	M	R	A	G	N	P	M	I	Đ	R	B
S	E	J	N	E	R	I	Š	O	R	P	I	S	O	I
T	O	R	B	I	T	A	J	M	W	S	Z	Č	A	K
S	V	O	J	S	T	V	A	E	H	Y	D	N	A	K
O	T	K	R	I	Ć	E	O	W	M	K	S	M	N	N
M	A	G	N	E	T	I	Z	A	M	E	C	M	I	N
T	R	E	N	J	E	C	E	N	T	A	R	L	M	G

UDALJENOST
OS
ORBITA
POKRET
CENTAR
PRITISAK
DINAMIČAN
SVOJSTVA
TEŽINA
UDARAC
MAGNETIZAM
MEHANIKA
FIZIKA
OTKRIĆE
PLANETE
BRZINA
VRIJEME
PROŠIRENJE
TRENJE

80 - Rijden

O	E	T	Z	U	V	U	Z	E	Đ	U	D	E	Z	N
I	G	K	R	F	C	S	Đ	O	Y	D	E	L	Z	E
Z	Z	S	O	V	I	R	O	G	W	Y	T	K	H	S
O	U	U	T	Č	A	U	T	O	M	O	B	I	L	R
F	P	F	O	R	N	V	O	G	G	J	N	C	S	E
U	Z	A	M	Đ	T	I	Z	M	V	L	Đ	O	I	Ć
L	C	N	S	N	E	O	C	S	H	G	Y	T	G	A
K	J	I	G	N	M	J	L	E	N	U	T	O	U	U
B	U	Z	W	A	O	Đ	Z	A	J	V	E	M	R	L
F	O	R	U	Z	R	S	K	A	M	I	O	N	N	Đ
Z	H	B	Y	P	P	A	T	S	E	C	I	I	O	K
L	I	C	E	N	C	A	Ž	P	K	B	Y	L	S	A
B	E	P	C	H	V	N	K	A	Š	E	J	P	T	R
I	V	P	O	L	I	C	I	J	A	C	I	L	U	T
F	D	Y	U	A	A	M	Z	R	R	Y	V	Y	E	A

AUTOMOBIL
GORIVO
GARAŽA
PLIN
OPASNOST
KARTA
LICENCA
MOTOR
MOTOCIKL
NESREĆA
POLICIJA
KOČNICE
BRZINA
ULICA
TUNEL
SIGURNOST
PROMET
PJEŠAK
KAMION
CESTA

81 - Wetenschap

M	E	T	O	D	A	F	V	K	U	J	J	I	P	A
U	L	G	D	V	K	O	O	C	Y	L	Y	F	R	D
E	U	K	I	N	E	V	T	S	N	A	N	Z	I	K
E	K	S	K	M	U	B	Y	A	I	V	Đ	A	R	E
V	E	S	H	F	H	O	Đ	U	M	L	I	C	O	M
O	L	F	P	O	R	G	A	N	I	Z	A	M	D	I
L	O	Y	A	E	M	I	N	E	R	A	L	I	A	J
U	M	N	J	I	R	O	T	A	R	O	B	A	L	S
C	G	O	E	A	C	I	N	E	J	N	I	Č	Č	K
I	A	T	O	M	Y	A	M	I	L	K	C	W	E	I
J	M	A	F	N	S	K	R	E	Đ	B	A	C	S	O
A	N	J	R	W	T	I	Z	H	N	Y	D	P	T	H
H	I	P	O	T	E	Z	A	M	K	T	O	G	I	R
T	Y	F	S	H	F	I	B	A	Y	T	P	C	C	Đ
M	L	R	R	P	P	F	W	T	Đ	P	O	K	E	Đ

ATOM
KEMIJSKI
ČESTICE
EVOLUCIJA
EKSPERIMENT
ČINJENICA
FOSIL
PODACI
HIPOTEZA
KLIMA
LABORATORIJ
METODA
MINERALI
MOLEKULE
PRIRODA
FIZIKA
ORGANIZAM
ZNANSTVENIK

82 - Natuurkunde

L	A	U	L	W	N	L	G	Z	N	W	C	M	C	V
Y	R	B	T	S	O	N	V	I	T	A	L	E	R	R
U	N	I	V	E	R	Z	A	L	A	N	M	A	S	A
M	O	T	O	R	T	I	N	I	L	P	E	K	O	M
U	F	B	D	P	K	T	I	G	U	E	K	I	A	A
Č	B	O	W	M	E	K	Z	U	K	M	S	N	K	G
Z	E	R	R	A	L	E	R	S	E	T	P	A	G	N
R	W	S	Z	M	E	V	B	T	L	A	E	H	N	E
V	M	O	T	A	U	Z	D	O	O	Z	R	E	G	T
C	Y	D	M	I	N	L	G	Ć	M	H	I	M	U	I
K	W	Đ	G	M	C	J	A	A	V	W	M	S	D	Z
G	E	O	Y	V	R	A	E	U	F	R	E	N	U	A
F	R	E	K	V	E	N	C	I	J	A	N	P	M	M
K	E	M	I	J	S	K	I	N	R	Đ	T	Đ	Z	O
G	R	A	V	I	T	A	C	I	J	A	E	O	Y	J

ATOM
KAOS
KEMIJSKI
ČESTICA
GUSTOĆA
ELEKTRON
EKSPERIMENT
FORMULA
FREKVENCIJA
PLIN
MAGNETIZAM
MASA
MEHANIKA
MOLEKULA
MOTOR
RELATIVNOST
BRZINA
UNIVERZALAN
UBRZANJE
GRAVITACIJA

83 - Muziekinstrumenten

F	D	R	B	H	A	R	M	O	N	I	K	A	G	B
N	A	W	I	Đ	V	F	L	B	F	G	K	N	E	I
I	N	T	E	N	I	R	A	L	K	M	L	I	N	H
V	I	O	L	O	N	Č	E	L	O	A	A	L	F	O
O	L	G	E	W	J	R	E	M	F	R	V	O	I	J
D	O	A	A	G	W	G	O	N	G	I	I	I	O	G
T	D	F	A	E	I	G	V	H	G	M	R	V	R	Z
A	N	A	K	K	L	T	E	N	O	B	M	O	R	T
D	A	D	E	J	B	C	A	F	R	A	H	A	P	V
A	M	D	J	L	E	T	T	R	U	R	H	N	K	O
Đ	E	Z	N	A	N	P	U	C	A	A	T	L	G	O
C	G	H	A	R	D	S	A	K	S	O	F	O	N	B
T	R	U	B	A	Ž	Z	L	Đ	J	P	W	C	K	O
J	W	H	U	D	O	A	F	L	T	L	R	W	C	A
T	A	M	B	U	R	A	Š	K	I	Z	A	R	P	E

BENDŽO
VIOLONČELO
FAGOT
FLAUTA
GITARA
GONG
HARFA
OBOA
KLARINET
MANDOLINA
MARIMBA
HARMONIKA
UDARALJKE
KLAVIR
SAKSOFON
TAMBURAŠKI
TROMBON
BUBANJ
TRUBA
VIOLINA

84 - Antiek

F	H	E	L	E	G	A	N	T	A	N	Đ	A	A	T
L	S	K	V	A	L	I	T	E	T	A	C	Z	U	K
P	S	J	M	U	V	D	O	Y	G	A	R	A	T	S
D	A	O	J	L	O	O	Y	B	C	T	Đ	N	E	T
O	R	N	A	A	F	Đ	N	H	T	S	N	P	N	O
T	U	Č	F	G	C	W	B	B	Y	A	H	T	T	L
S	T	I	L	A	N	Z	C	J	O	J	E	V	I	J
O	P	B	J	N	K	O	V	A	N	I	C	E	Č	E
N	L	O	P	J	A	U	S	T	A	Z	I	U	N	Ć
T	U	E	V	E	H	N	P	Š	U	U	V	K	O	E
E	K	N	Z	O	K	T	E	E	K	T	Đ	R	S	S
J	S	V	H	N	S	K	T	J	C	N	D	A	U	S
M	R	D	H	M	K	N	D	M	I	E	M	S	Z	U
U	S	L	I	K	E	C	N	A	J	C	P	N	Z	G
G	A	L	E	R	I	J	A	N	A	O	C	O	V	Y

AUTENTIČNO
SKULPTURA
UKRASNO
STOLJEĆE
ELEGANTAN
GALERIJA
ULAGANJE
UMJETNOST
KVALITETA
ENTUZIJASTA
NAMJEŠTAJ
KOVANICE
NEOBIČNO
STAR
CIJENA
OBNOVA
SLIKE
STIL
AUKCIJA

85 - Activiteiten en Vrije Ti

W	E	Z	P	J	V	B	E	J	Z	B	O	L	I	D
B	B	E	O	A	K	R	A	Š	O	K	F	I	F	J
A	L	J	T	S	O	N	T	E	J	M	U	B	L	Z
B	Y	C	K	M	B	T	F	L	O	G	H	W	G	P
S	Đ	I	Đ	F	Z	E	J	N	A	T	Š	U	P	O
I	L	J	A	Z	Y	M	G	G	S	R	J	L	L	E
N	M	I	T	A	V	O	T	U	P	A	S	P	U	B
E	U	B	K	D	U	G	V	P	F	P	E	T	Đ	S
T	T	O	L	A	H	O	G	T	Đ	T	M	B	V	U
J	Y	H	R	O	G	N	C	W	S	S	O	O	W	O
P	J	E	Š	A	Č	E	N	J	E	R	R	K	P	F
M	V	K	O	D	B	O	J	K	A	P	A	S	H	F
K	A	M	P	I	R	A	N	J	E	I	B	B	Y	M
B	C	R	O	N	J	E	N	J	E	D	E	A	I	E
S	U	R	F	A	N	J	E	C	D	J	I	L	L	R

KOŠARKA
BOKS
RONJENJE
GOLF
RIBARSTVO
HOBIJI
BEJZBOL
KAMPIRANJE
UMJETNOST
OPUŠTANJE
PUTOVATI
SLIKA
SURFANJE
TENIS
VRTLARSTVO
NOGOMET
ODBOJKA
PJEŠAČENJE

86 - Koffie

U	P	I	T	P	N	D	E	O	K	U	D	E	S	P
R	D	Z	Z	E	I	H	H	J	A	D	O	V	A	J
Š	E	Ć	E	R	K	Ć	V	J	R	F	P	D	M	S
C	I	J	E	N	A	U	E	E	O	A	R	W	L	Đ
T	T	J	R	P	C	M	Ć	Đ	M	M	Ž	K	J	D
S	J	O	A	F	I	J	A	I	A	T	E	W	E	R
O	R	H	Y	I	L	U	C	S	N	K	N	K	T	A
K	J	D	A	L	A	T	M	D	I	A	A	E	I	Đ
I	I	V	E	T	Š	R	A	M	E	R	K	S	I	D
L	N	S	T	A	Y	O	N	K	F	O	U	R	F	I
O	M	U	E	R	N	J	R	V	O	G	M	U	N	Đ
N	F	K	A	L	K	L	C	O	K	E	J	I	L	M
Z	A	O	R	W	O	L	T	E	J	I	R	D	O	P
A	Z	M	B	D	L	Z	S	Z	F	C	R	F	M	R
R	Z	V	R	G	Đ	F	O	V	C	A	Đ	O	A	J

AROMA
ŠALICA
GORAK
KOFEIN
PIĆE
FILTAR
PRŽENA
SAMLJETI
MLIJEKO
JUTRO
PODRIJETLO
CIJENA
KREMA
OKUS
ŠEĆER
RAZNOLIKOST
TEKUĆINA
VODA
KISELO
CRNA

87 - Schaken

U	D	H	I	Đ	K	Y	A	K	V	K	A	V	R	P
P	A	M	E	T	A	N	Y	R	U	R	T	T	A	C
D	L	O	E	S	I	J	Y	A	Đ	A	Y	U	H	Đ
N	I	Đ	S	M	A	Č	A	L	Đ	L	E	R	U	R
A	V	J	U	W	H	A	U	J	B	J	M	N	Đ	Đ
T	A	Z	A	I	A	R	G	I	P	I	E	I	K	K
J	R	T	J	G	T	G	M	C	N	V	J	R	M	I
E	P	N	I	W	O	I	R	A	L	O	I	E	R	N
C	K	K	G	B	R	N	B	Đ	Đ	Z	R	K	L	V
A	U	B	E	L	A	W	A	T	P	A	V	Č	B	I
N	A	V	T	V	W	P	U	L	V	Z	K	O	Đ	T
J	U	C	A	N	R	C	E	D	A	I	L	T	T	O
E	P	L	R	Ž	R	T	V	O	V	A	T	I	J	R
J	F	P	T	P	A	S	I	V	N	O	O	E	S	P
A	Y	Y	S	G	H	K	V	Y	W	F	M	A	Z	E

DIJAGONALA
PRVAK
KRALJ
KRALJICA
UČITI
ŽRTVOVATI
PASIVNO
TOČKE
PRAVILA
PAMETAN
IGRA
IGRAČ
STRATEGIJA
PROTIVNIK
VRIJEME
TURNIR
IZAZOVI
NATJECANJE
BIJELI
CRNA

88 - Boerderij #1

P	U	A	L	H	M	H	H	E	P	C	W	W	W	K
S	O	C	L	G	P	A	N	A	R	V	J	D	Z	R
J	N	L	N	E	I	D	Č	H	C	P	C	E	B	A
E	E	V	J	M	L	A	E	K	F	U	W	V	R	V
M	J	N	N	E	E	R	U	I	A	L	E	Č	P	A
E	I	F	O	L	T	G	C	A	Z	D	E	A	I	Ž
N	S	I	K	E	I	O	Z	P	O	J	O	Đ	O	I
K	A	B	H	T	N	V	W	C	K	T	W	V	Đ	R
E	P	D	F	M	A	I	S	D	I	C	V	V	A	Z
J	M	C	S	W	C	J	V	A	H	Z	N	I	I	K
S	K	W	Đ	H	K	O	K	E	S	T	J	M	L	M
M	I	W	Y	Z	G	N	A	B	R	O	C	T	D	T
T	V	C	A	R	A	G	A	M	R	L	N	N	M	P
P	O	L	J	O	P	R	I	V	R	E	D	A	E	T
Đ	S	M	W	F	W	S	T	A	D	O	A	Z	D	C

PČELA
MAGARAC
KOZA
OGRADA
PAS
MED
SIJENO
TELE
MAČKA
PILETINA
KRAVA
VRANA
STADO
POLJOPRIVREDA
GNOJIVO
KONJ
RIŽA
POLJE
VODA
SJEMENKE

89 - Huis

N	W	V	A	T	I	I	A	F	V	R	A	T	A	T
L	A	Ž	A	R	A	G	L	C	W	K	F	P	S	V
Y	B	M	S	V	J	E	T	I	L	J	K	A	P	S
N	O	M	J	I	S	A	Đ	C	E	M	M	C	A	M
E	S	E	T	E	S	T	R	O	P	Đ	M	L	V	Đ
K	M	T	K	L	Š	K	K	R	O	V	U	S	A	K
F	Đ	L	E	F	N	T	N	W	G	U	B	A	Ć	I
F	Đ	A	W	S	I	K	A	J	N	M	I	D	A	D
O	G	L	E	D	A	L	O	J	I	T	U	Š	S	Z
U	D	O	H	Z	T	J	K	W	L	Ž	J	H	O	I
S	H	W	G	Z	J	C	A	O	M	A	N	P	B	D
H	I	R	O	R	L	Y	M	T	U	D	D	I	A	W
U	N	R	H	T	A	H	I	P	E	T	J	S	C	G
P	O	D	R	U	M	D	N	R	L	T	Z	T	S	A
W	G	S	F	C	D	G	A	J	N	I	H	U	K	S

METLA
KNJIŽNICA
KROV
VRATA
TUŠ
GARAŽA
KAMIN
OGRADA
SOBA
PODRUM
KUHINJA
SVJETILJKA
NAMJEŠTAJ
ZID
STROP
DIMNJAK
SPAVAĆA SOBA
OGLEDALO
TEPIH
VRT

90 - Geometrie

U	P	J	H	L	Z	Đ	C	O	V	H	D	F	J	P
L	O	H	E	S	S	T	U	V	L	F	A	B	I	A
O	V	I	Y	D	E	I	F	T	A	H	J	L	B	R
G	R	B	B	D	N	G	M	V	I	S	I	N	A	A
I	Š	K	F	B	A	A	M	Đ	V	K	Z	U	J	L
K	I	V	U	Z	V	J	D	E	H	D	N	Č	I	E
A	N	K	K	T	A	L	O	Ž	N	V	E	A	R	L
J	A	S	A	M	R	U	L	D	B	T	M	R	T	N
K	Y	T	P	J	O	V	D	C	J	A	I	Z	E	O
A	U	H	J	L	D	I	O	T	V	U	D	I	M	J
G	R	E	J	M	O	R	P	L	Đ	A	E	B	I	H
K	R	U	G	M	V	K	T	R	O	K	U	T	S	E
M	E	D	I	J	A	N	T	E	O	R	I	J	A	W
O	K	O	M	I	C	A	O	K	O	M	I	T	T	J
W	B	N	W	E	B	R	S	Đ	A	D	J	I	S	M

IZRAČUN
KRUG
KRIVULJA
PROMJER
DIMENZIJA
TROKUT
KUT
VISINA
VODORAVAN
LOGIKA
OKOMICA
MASA
MEDIJAN
POVRŠINA
PARALELNO
SEGMENT
SIMETRIJA
TEORIJA
JEDNADŽBA
OKOMIT

91 - Jazz

P	F	L	Z	A	B	Z	A	L	G	S	Ž	S	L	O
T	O	T	Đ	J	W	J	F	I	M	A	A	K	Đ	R
E	V	Z	T	I	V	A	D	T	O	S	N	L	I	K
H	O	F	N	C	J	B	L	S	J	T	R	A	A	E
N	N	Z	K	A	S	E	J	L	P	A	A	D	L	S
I	K	M	A	Z	T	K	W	R	Đ	V	L	A	B	T
K	Y	P	S	I	C	I	O	M	B	B	A	T	U	A
A	F	M	A	V	G	N	K	N	E	W	I	E	M	R
O	F	C	L	O	R	T	I	J	C	F	T	L	F	K
P	W	T	G	R	I	E	T	O	O	E	I	J	C	F
E	J	U	A	P	T	J	Y	B	B	I	R	A	T	S
M	E	E	N	M	A	M	N	H	J	I	O	T	O	J
P	C	J	S	I	M	U	K	E	J	M	V	N	N	J
Z	N	E	K	M	T	A	L	E	N	T	A	S	Z	K
S	F	S	V	B	A	G	B	Y	U	W	F	V	G	S

ALBUM
PLJESAK
UMJETNIK
POZNATI
SKLADATELJ
KONCERT
FAVORITI
ŽANR
IMPROVIZACIJA
PJESMA
GLAZBA
NAGLASAK
NOVO
ORKESTAR
STAR
RITAM
SASTAV
STIL
TALENT
TEHNIKA

92 - Getallen

Š	J	O	O	U	I	L	Z	K	W	T	S	W	I	D
E	J	Z	Y	V	J	A	P	L	C	R	E	M	B	V
S	G	Đ	M	W	K	C	L	Z	J	N	D	S	F	A
N	D	E	V	E	T	N	A	E	S	T	A	O	H	D
A	E	H	M	N	S	R	V	L	B	E	M	S	Z	E
E	N	Z	R	K	E	O	D	A	U	P	N	A	D	S
S	Y	K	D	Đ	Š	O	K	W	F	N	A	M	V	E
T	S	E	A	N	R	T	E	Č	I	N	E	N	A	T
I	O	H	Y	K	E	V	F	O	J	S	S	A	N	E
R	M	W	N	A	M	M	R	C	L	M	T	E	A	S
I	Đ	E	O	D	A	A	C	J	D	S	E	S	E	E
T	R	I	N	A	E	S	T	E	E	T	E	T	S	D
E	B	W	R	N	U	O	T	D	V	P	L	D	T	T
Č	R	R	J	T	N	A	K	A	E	V	G	Y	A	D
P	E	T	N	A	E	S	T	N	T	A	C	D	L	M

OSAM
OSAMNAEST
TRINAEST
TRI
JEDAN
DEVET
DEVETNAEST
NULA
DESET
DVANAEST
DVA
DVADESET
ČETRNAEST
ČETIRI
PET
PETNAEST
ŠEST
ŠESNAEST
SEDAM
SEDAMNAEST

93 - Boksen

U	U	E	W	N	S	W	K	Y	D	G	Z	K	N	W
Y	W	S	E	P	A	Y	G	N	O	A	I	S	N	L
R	U	Ž	A	D	G	P	T	L	O	L	E	J	I	T
Z	V	O	N	O	B	O	R	A	C	R	D	K	G	A
Z	T	W	E	W	F	L	M	D	K	O	E	O	U	W
D	Y	Y	B	Đ	M	W	V	A	H	A	J	P	V	T
S	D	V	B	U	I	D	C	R	P	N	L	O	O	A
P	J	U	R	S	D	Y	N	B	N	I	Z	R	T	B
C	T	S	Z	K	C	A	K	A	Š	T	O	A	O	A
K	I	N	V	I	T	O	R	P	K	Š	E	V	Č	M
N	K	B	O	J	R	G	J	A	Z	E	K	A	K	Đ
H	C	T	S	S	U	D	A	C	C	J	S	K	E	M
C	J	S	N	A	G	A	E	C	I	V	A	K	U	R
C	D	A	M	D	H	K	T	E	I	R	D	I	D	S
I	S	C	R	P	L	J	E	N	G	M	Z	Z	W	K

LAKAT
RUKAVICE
OPORAVAK
KUT
BRADA
ZVONO
SNAGA
TIJELO
TOČKE
SUDAC
UDARAC
BRZ
PROTIVNIK
UŽAD
ISCRPLJEN
VJEŠTINA
BORAC
OZLJEDE
ŠAKA

94 - Boerderij #2

T	E	M	A	L	K	D	Đ	I	C	Y	A	H	Z	Ž
P	J	T	N	N	Z	U	Z	F	Đ	S	R	H	P	I
H	N	J	I	B	O	D	K	N	Đ	G	M	E	M	V
K	A	C	I	N	E	Š	P	U	I	H	A	C	J	O
G	V	V	O	Ć	N	J	A	K	R	L	W	R	G	T
Y	A	O	H	S	H	B	O	D	U	U	V	Đ	A	I
B	J	O	Ć	R	V	U	G	G	P	M	Z	H	Đ	N
T	N	A	G	E	A	Đ	V	G	A	J	A	T	S	J
A	D	A	V	I	L	N	W	D	S	K	C	U	N	E
R	O	T	K	A	R	T	A	K	T	A	P	R	R	H
V	V	M	L	I	J	E	K	O	I	O	J	T	W	O
C	A	A	V	O	V	C	E	Ć	R	V	O	P	G	S
E	N	Č	J	A	N	J	E	T	I	N	A	C	G	N
O	H	E	S	U	A	K	O	Š	N	I	C	A	S	L
M	P	J	G	V	J	E	T	R	E	N	J	A	Č	A

KOŠNICA
VOĆNJAK
ŽIVOTINJE
PATKA
VOĆE
JEČAM
POVRĆE
PASTIR
NAVODNJAVANJE
JANJETINA
LAME
KUKURUZ
MLIJEKO
OVCE
STAJA
PŠENICA
TRAKTOR
HRANA
LIVADA
VJETRENJAČA

95 - Psychologie

S	T	V	A	R	N	O	S	T	T	V	O	P	S	G
M	D	O	W	I	V	O	N	S	R	O	S	R	P	P
B	Đ	C	B	W	Đ	S	N	L	W	F	A	O	O	R
K	G	O	Z	O	C	O	O	S	Đ	C	J	B	Z	O
P	L	C	K	C	P	B	E	E	E	G	O	L	N	C
S	E	I	K	S	P	N	S	J	P	J	A	E	A	J
J	A	R	N	Đ	U	O	G	E	Z	G	V	M	J	E
E	Z	C	C	I	L	S	I	M	D	L	T	S	A	N
Ć	E	Đ	E	E	Č	T	S	U	K	O	B	M	E	A
A	J	R	P	T	P	K	E	M	O	C	I	J	E	N
N	W	P	O	F	B	C	I	M	K	S	D	B	D	M
J	A	Ć	E	J	S	O	I	Z	V	Đ	Z	O	Y	E
A	V	T	S	U	K	S	I	J	A	C	E	J	T	U
P	O	N	A	Š	A	N	J	E	A	I	N	F	A	P
D	J	E	T	I	N	J	S	T	V	O	O	O	A	G

PROCJENA
NESVJESNO
SPOZNAJA
SUKOB
SNOVI
EGO
EMOCIJE
ISKUSTVA
MISLI
PONAŠANJE
OSJEĆAJ
SJEĆANJA
UTJECAJI
DJETINJSTVO
KLINIČKI
PERCEPCIJA
OSOBNOST
PROBLEM
STVARNOST

96 - Elektriciteit

N	M	F	E	J	N	E	T	Š	I	D	A	L	K	S
E	L	E	K	T	R	I	Č	A	R	Y	K	P	A	H
P	O	Z	I	T	I	V	A	N	G	V	B	G	B	G
M	R	E	Ž	A	U	B	A	R	L	N	V	G	E	T
Z	Z	B	G	E	N	E	R	A	T	O	R	E	L	Y
U	Z	S	G	W	M	C	E	C	M	F	J	Y	Y	J
R	Đ	T	W	K	W	I	S	I	Y	E	F	M	T	H
M	A	G	N	E	T	Ž	A	N	P	L	R	Z	F	K
W	J	Y	V	M	N	Y	L	Č	E	E	H	P	N	O
A	I	T	K	E	J	B	O	I	S	T	D	B	O	L
A	R	N	I	N	Č	I	R	T	K	E	L	E	V	I
V	E	G	U	K	G	E	J	U	N	L	I	Z	K	Č
N	T	S	V	J	E	T	I	L	J	K	A	P	I	I
R	A	N	E	G	A	T	I	V	A	N	Y	L	D	N
Y	B	T	E	L	E	V	I	Z	I	J	A	I	T	A

BATERIJA
OPREMA
ŽICE
ELEKTRIČAR
ELEKTRIČNI
GENERATOR
KOLIČINA
KABEL
SVJETILJKA
LASER
MAGNET
NEGATIVAN
MREŽA
OBJEKTI
SKLADIŠTENJE
POZITIVAN
UTIČNICA
TELEFON
TELEVIZIJA

97 - Zakelijk

C	D	Z	J	C	W	B	K	Z	T	S	U	P	O	P
T	O	U	G	J	U	S	A	A	V	A	Y	C	S	D
C	H	J	Ć	H	Y	Z	R	P	R	B	R	Y	Đ	C
E	I	T	E	A	Đ	R	I	O	T	N	P	S	B	V
K	R	R	J	P	N	A	J	S	K	O	Đ	A	A	A
S	P	A	I	I	C	J	E	L	A	V	S	J	O	L
A	B	N	C	P	Z	A	R	E	B	A	L	I	P	U
D	C	S	N	I	R	D	A	N	O	C	L	M	R	T
O	D	A	A	L	N	O	E	I	Z	E	R	O	P	A
B	R	K	N	M	M	R	R	K	J	W	K	N	A	N
I	N	C	I	T	J	P	O	A	K	A	Š	O	R	T
T	Z	I	F	Y	L	W	O	V	Č	P	F	K	G	E
Z	E	J	N	A	G	A	L	U	T	U	Z	E	A	D
J	M	A	U	R	E	D	E	D	G	C	N	W	D	Y
P	O	S	L	O	D	A	V	A	C	B	Y	L	F	H

TVRTKA
PRORAČUN
POREZI
KARIJERA
EKONOMIJA
TVORNICA
FINANCIJE
NOVAC
PRIHOD
ULAGANJE

URED
POPUST
TROŠAK
TRANSAKCIJA
VALUTA
PRODAJA
POSLODAVAC
ZAPOSLENIK
DUĆAN
DOBIT

98 - Voeding

R	O	P	R	O	T	E	I	N	I	I	B	K	C	S
U	K	K	A	P	E	T	I	T	H	O	K	B	E	F
K	A	A	U	W	M	U	I	V	V	A	U	R	R	V
P	L	R	E	S	A	U	F	R	R	T	S	L	K	V
T	O	O	I	N	I	Č	A	Z	P	E	Z	A	H	I
O	R	G	J	E	U	H	A	U	R	J	N	E	A	T
K	I	H	E	Ž	T	M	H	A	O	I	B	J	T	A
S	J	R	S	E	Y	L	A	I	B	D	N	L	E	M
I	E	A	T	T	Đ	K	V	K	A	D	L	V	T	I
N	S	N	I	O	H	I	M	A	V	Z	W	A	I	N
I	L	L	V	N	H	B	T	R	A	D	Y	R	L	E
E	U	J	O	V	D	N	I	S	A	R	A	D	A	M
Z	C	I	R	A	N	I	Ž	E	T	A	G	Z	V	O
O	I	V	F	R	E	Z	Z	O	N	V	L	D	K	H
C	T	E	K	U	Ć	I	N	E	Đ	N	S	S	Đ	I

GORAK
KALORIJE
DIJETA
JESTIVO
APETIT
PROTEINI
URAVNOTEŽEN
VRENJE
TEŽINA
ZDRAV
ZDRAVLJE
KVALITETA
UMAK
OKUS
ZAČINI
PROBAVA
TOKSIN
VITAMIN
TEKUĆINE
HRANLJIV

99 - Chemie

L	B	K	I	J	L	G	U	I	M	K	D	I	R	E
L	A	J	I	C	K	A	E	R	E	A	J	D	S	D
T	R	S	N	S	C	D	M	Z	T	T	U	M	L	W
H	E	D	J	I	E	R	N	C	A	A	L	H	H	M
F	O	Ž	W	K	L	L	E	J	L	L	S	O	L	D
B	U	C	I	S	A	G	I	A	I	I	D	C	K	L
Y	C	A	K	N	I	O	N	N	F	Z	Y	R	A	G
V	M	Y	L	A	A	T	O	I	A	A	P	L	I	N
F	O	A	O	G	O	E	R	L	L	T	Z	Đ	T	K
C	J	D	R	R	S	K	T	P	U	O	Z	K	N	I
S	O	V	I	O	Đ	U	K	O	K	R	K	N	E	S
B	F	Đ	V	K	Y	Ć	E	T	E	G	P	D	M	I
Đ	F	U	I	P	O	I	L	O	L	S	O	E	E	K
U	D	O	K	Y	V	N	E	I	O	P	T	A	L	O
F	F	I	G	Z	Đ	A	S	F	M	I	Z	N	E	I

KLOR
ELEKTRON
ELEMENTI
ENZIM
PLIN
TEŽINA
ION
KATALIZATOR
UGLJIK
METALI

MOLEKULA
ORGANSKI
REAKCIJA
TEKUĆINA
TOPLINA
VODIK
SOL
KISELINA
KISIK

1 - Metingen

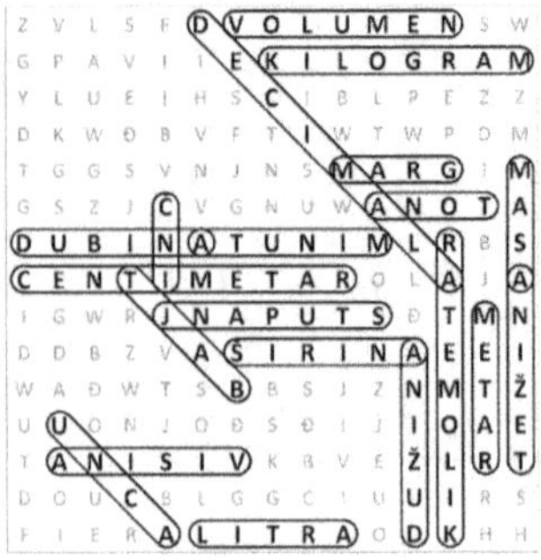

2 - Opwarming van de Aarde

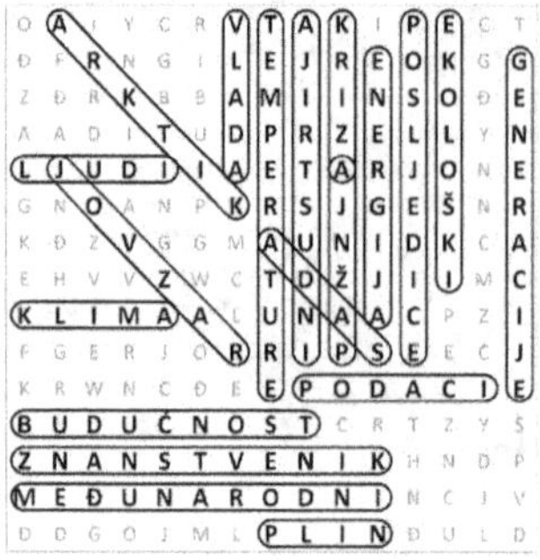

3 - Boten

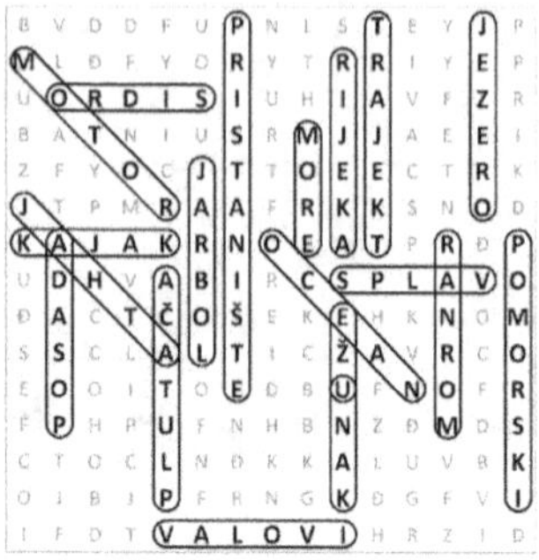

4 - Chocolade

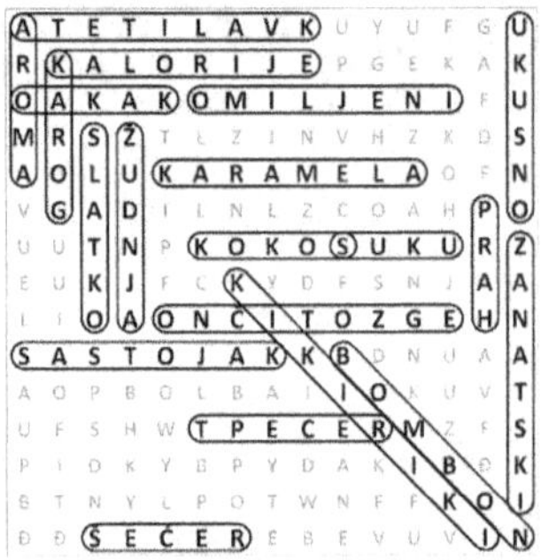

5 - Gezondheid en Welzijn #2

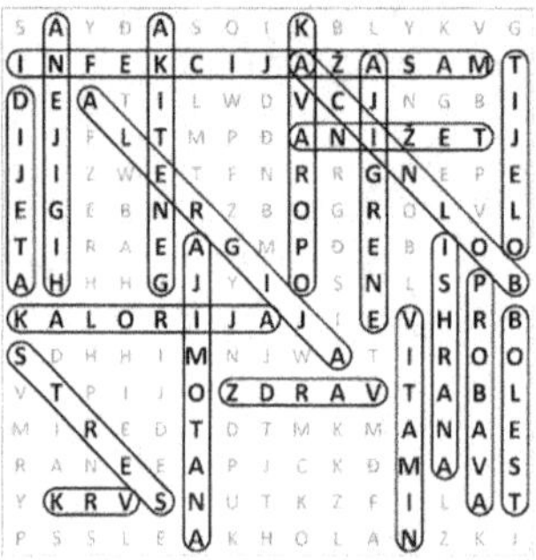

6 - Tijd

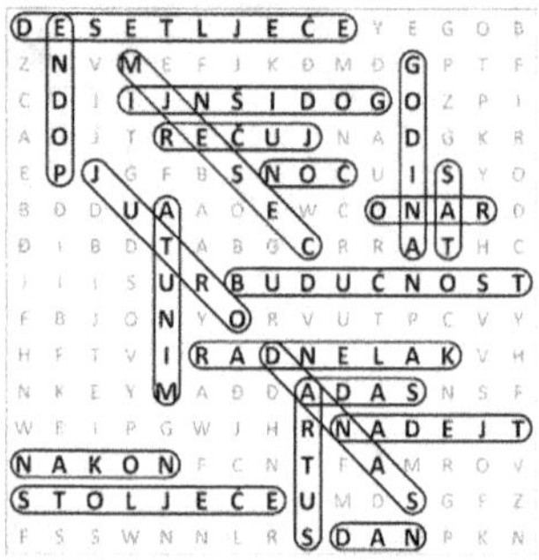

7 - Meditatie

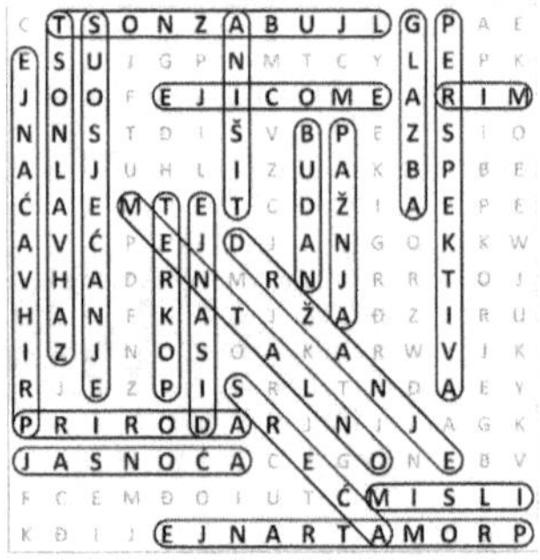

8 - Muziek

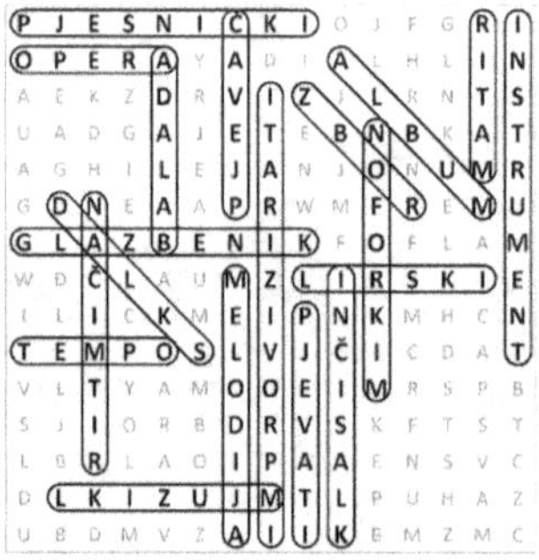

9 - Vogels

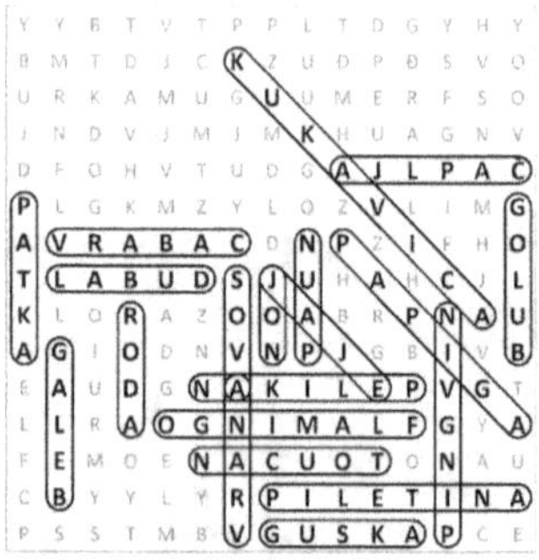

10 - Universum

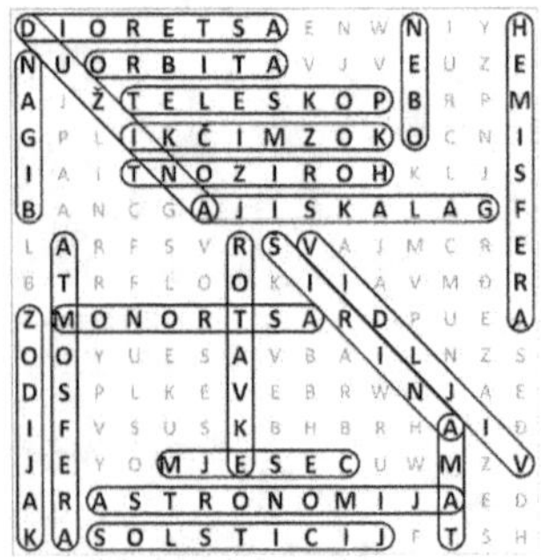

11 - Wiskunde

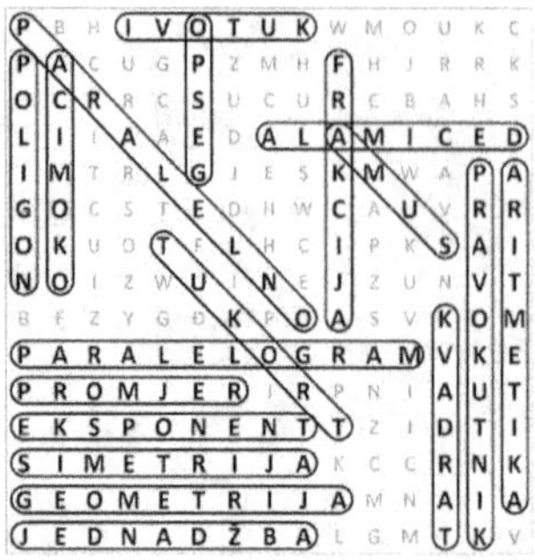

12 - Gezondheid en Welzijn #1

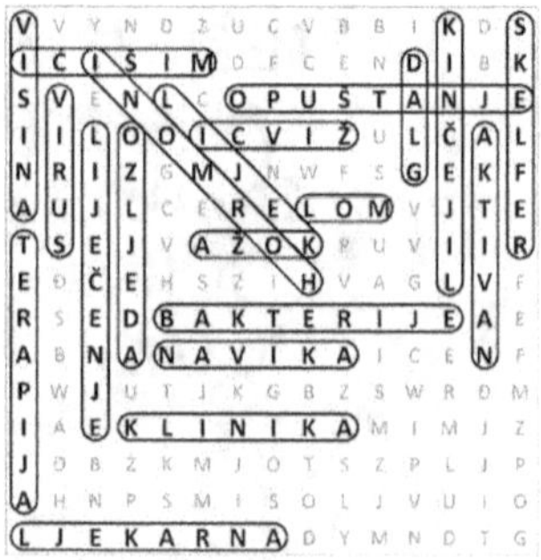

13 - Camping

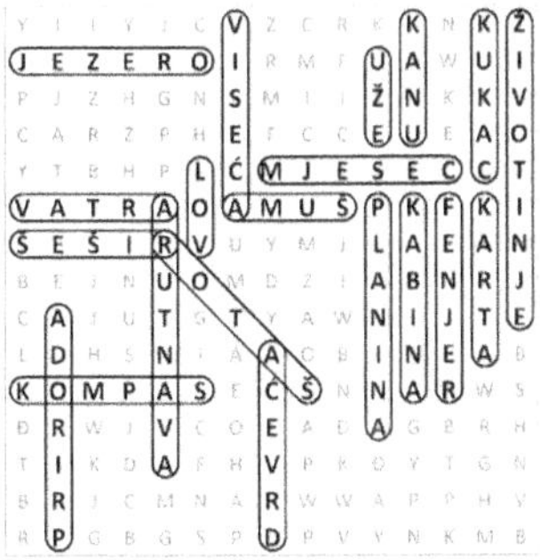

14 - Algebra

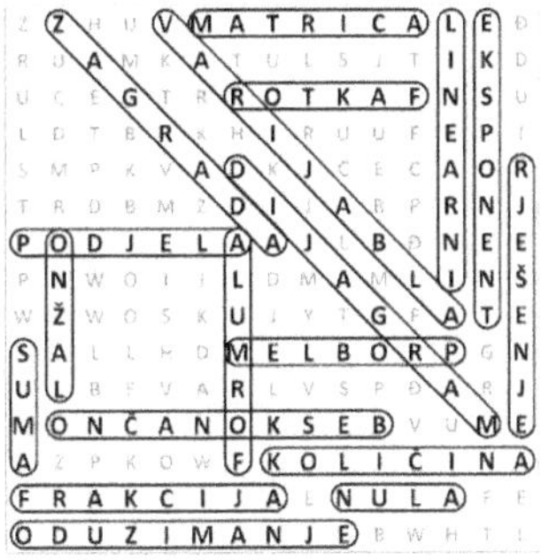

15 - Activiteiten

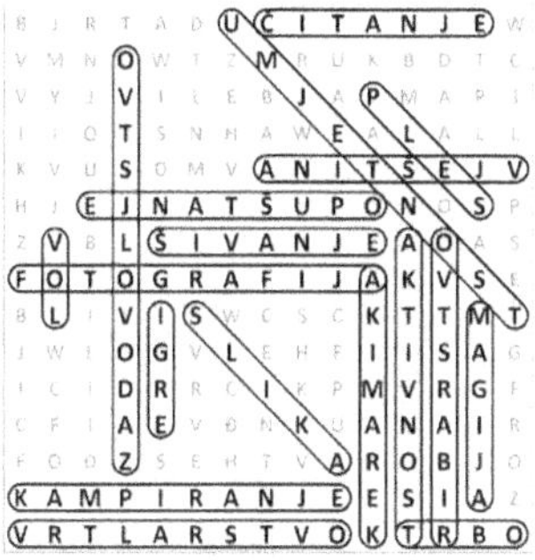

16 - Diplomatie

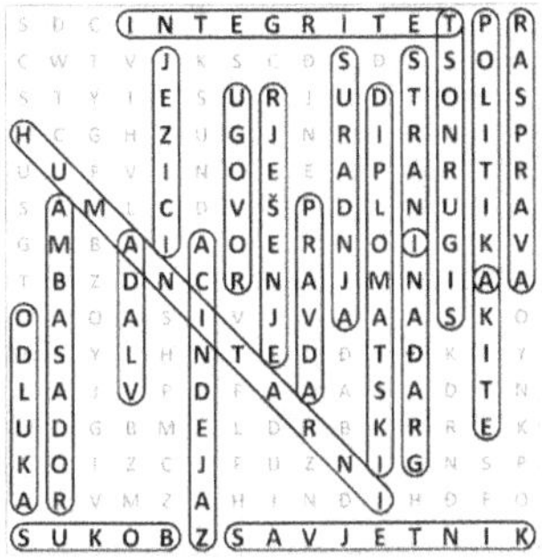

17 - Astronomie

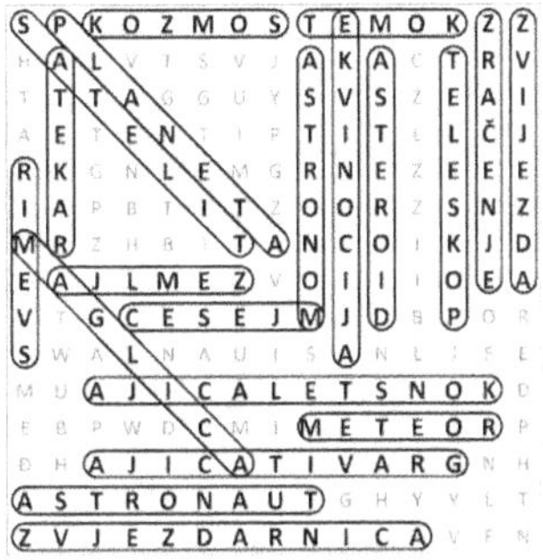

18 - Vakantie #2

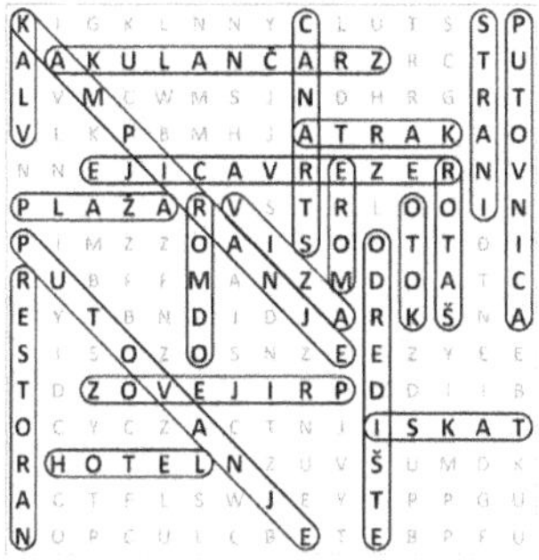

19 - Weersomstandigh

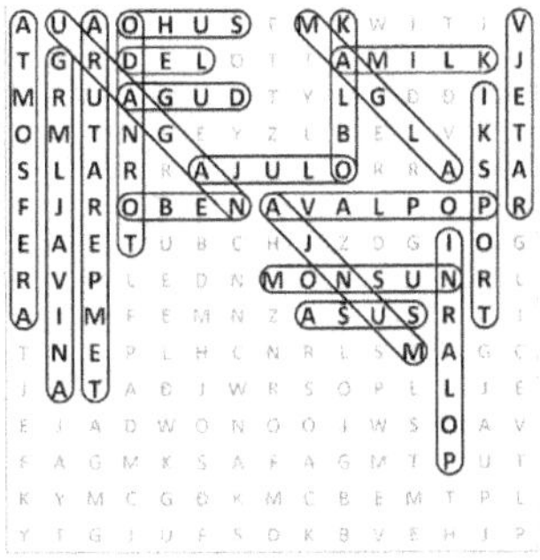

20 - Strand

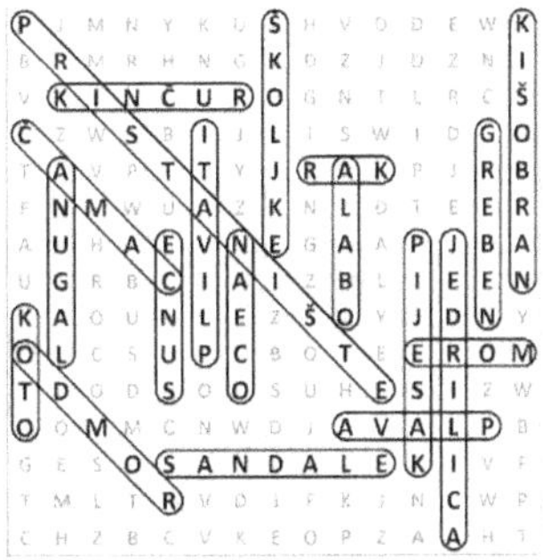

21 - Eten #2

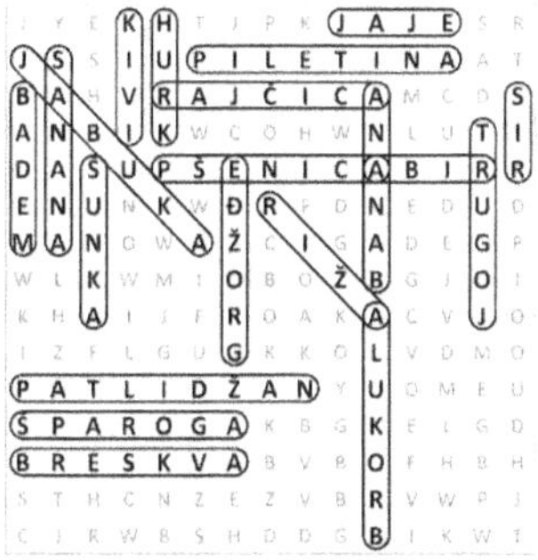

22 - Klimmen

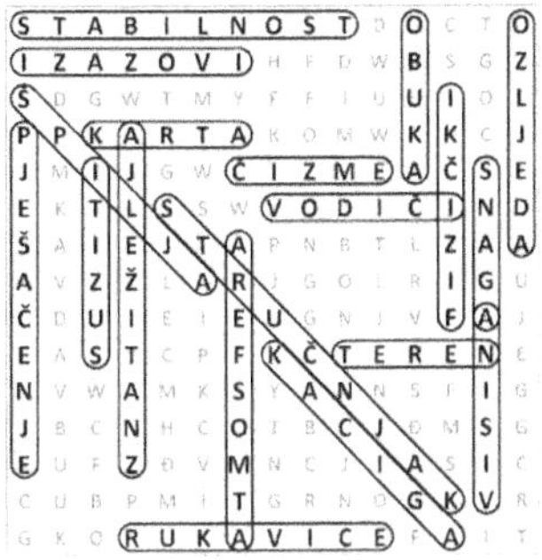

23 - Restaurant #1

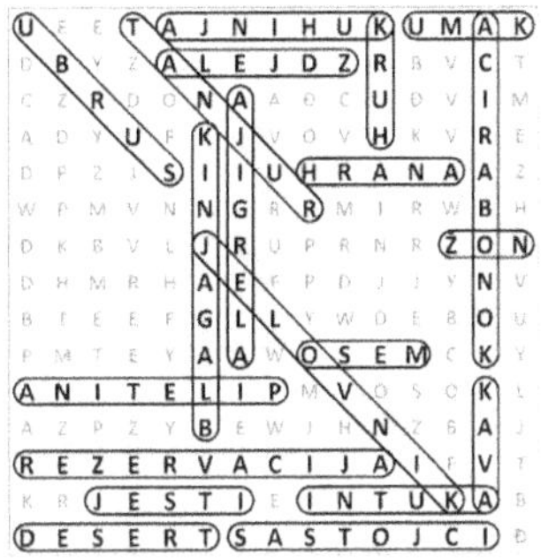

24 - Geologie

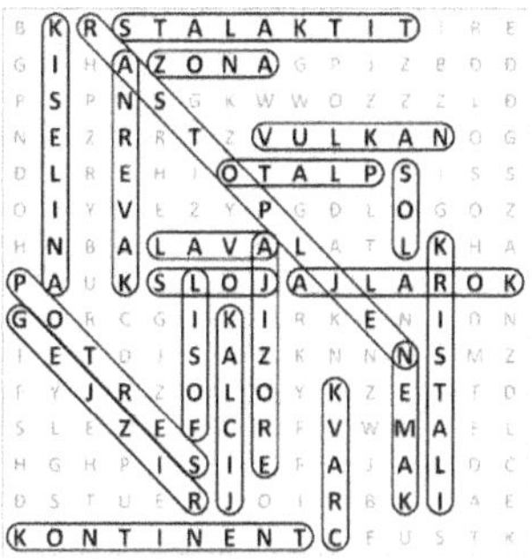

25 - Specerijen

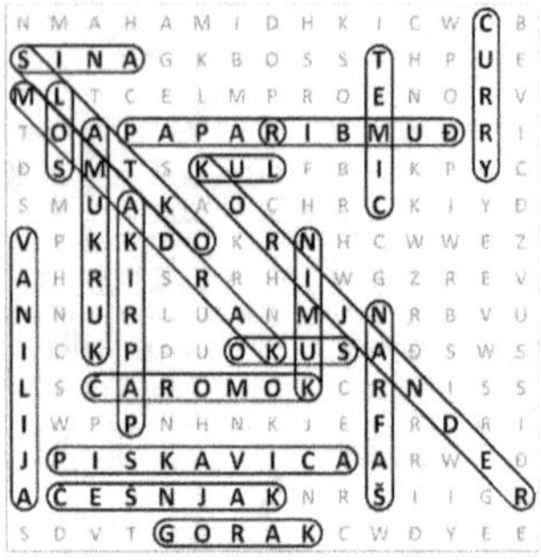

26 - Groenten

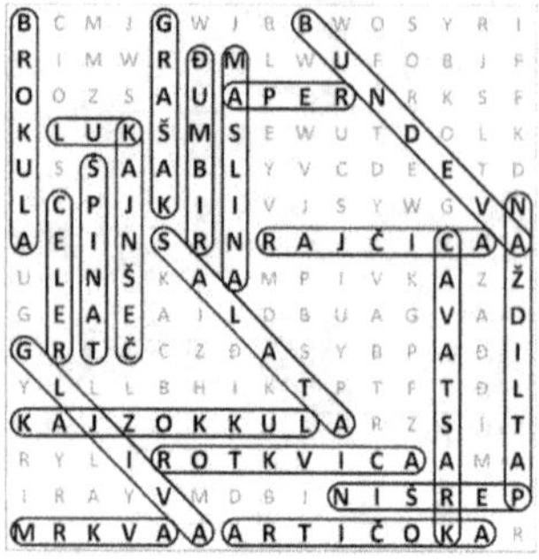

27 - Archeologie

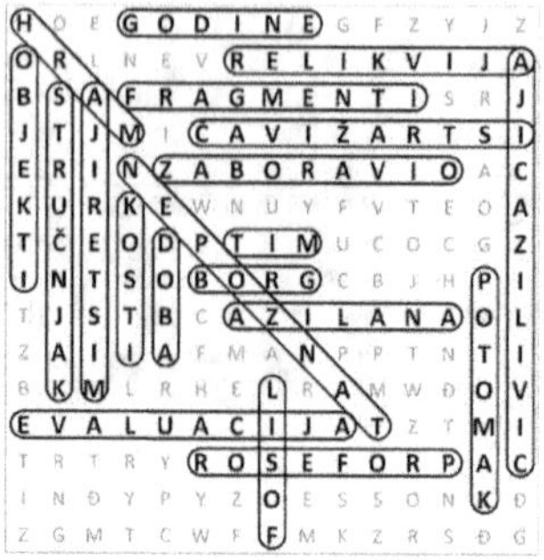

28 - Dans

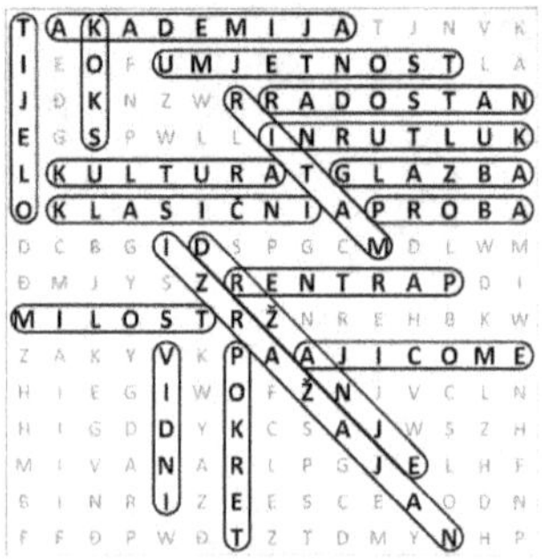

29 - Ziekte

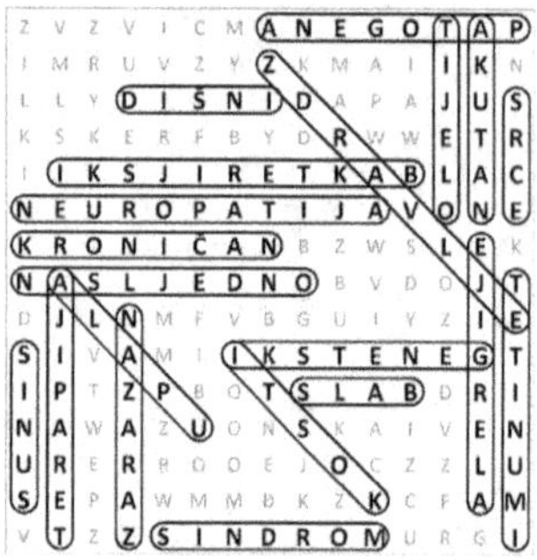

30 - Immigratie

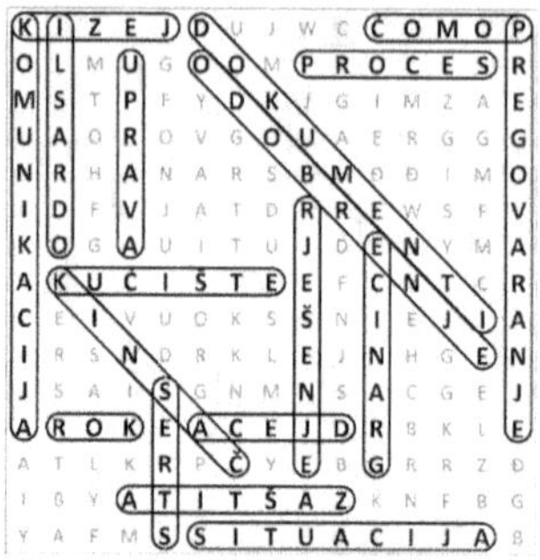

31 - Mythologie

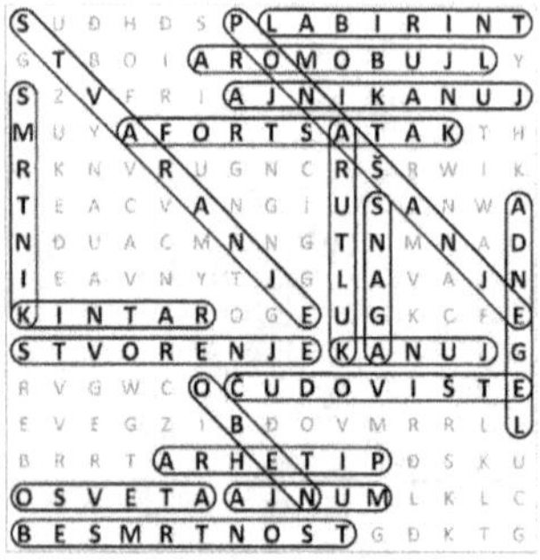

32 - Eten #1

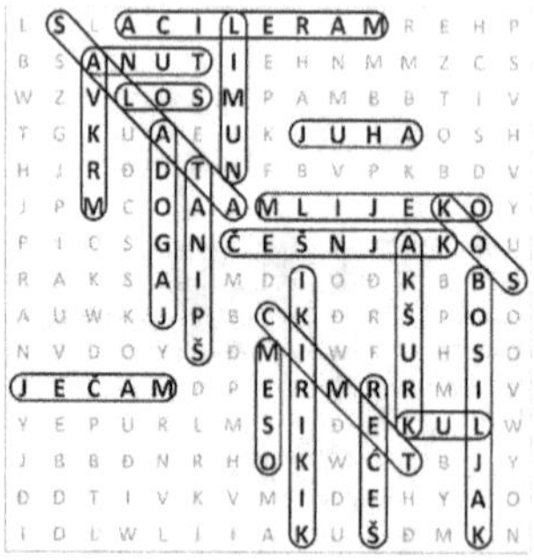

33 - Avontuur

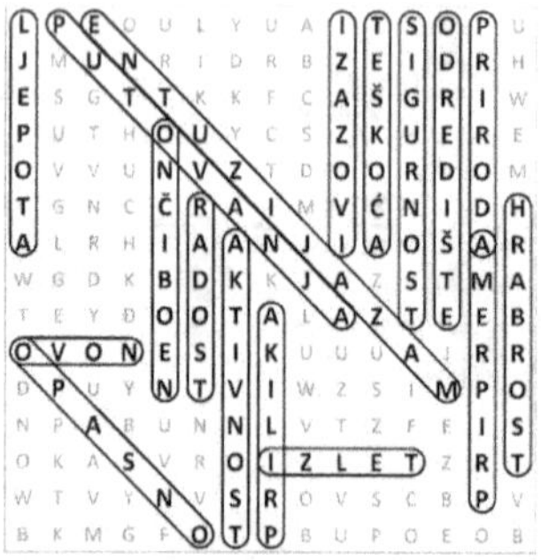

34 - Restaurant #2

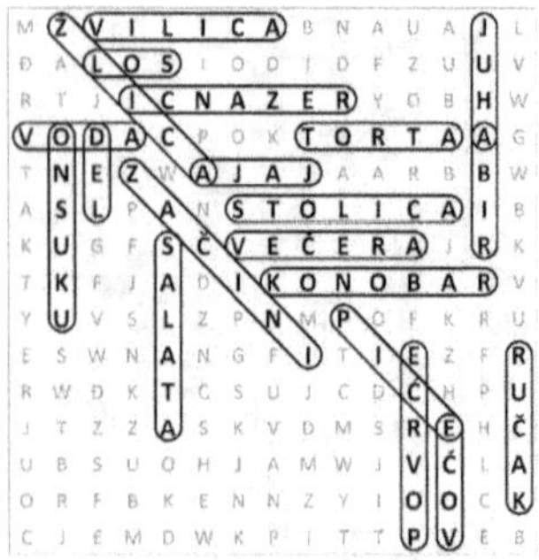

35 - De Media

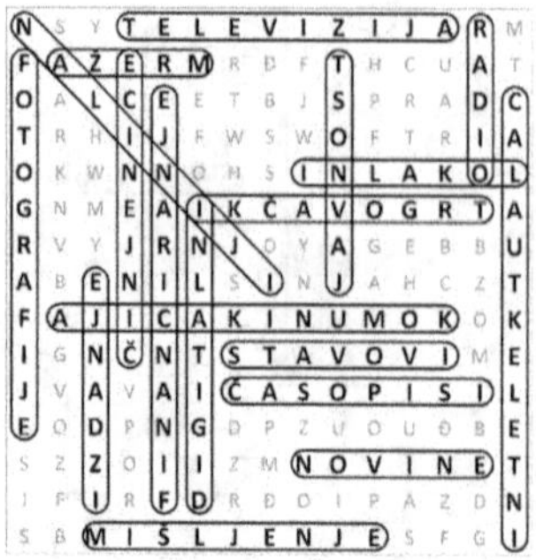

36 - Bijen

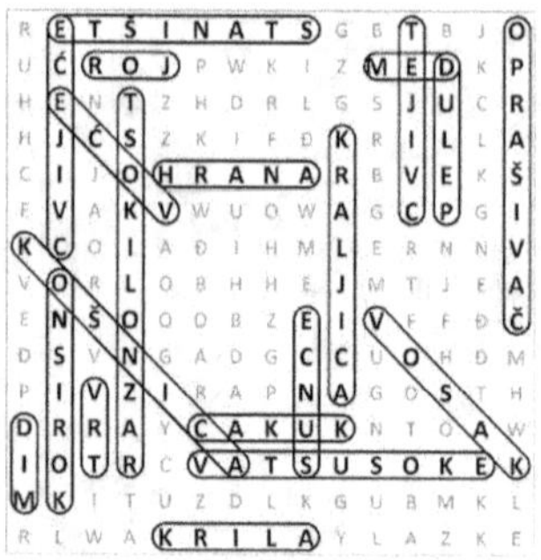

37 - Wandelen

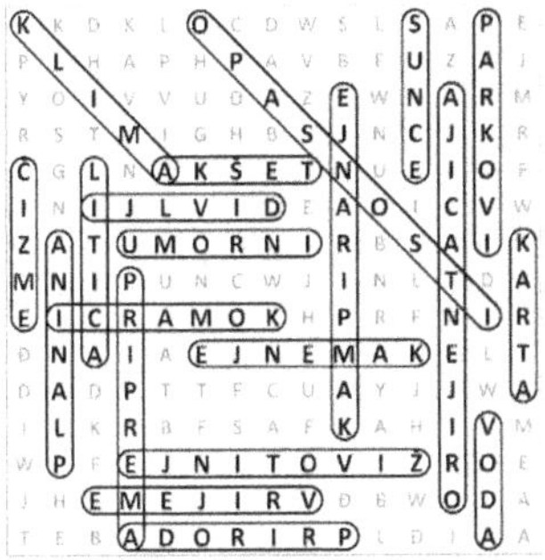

38 - Ecologie

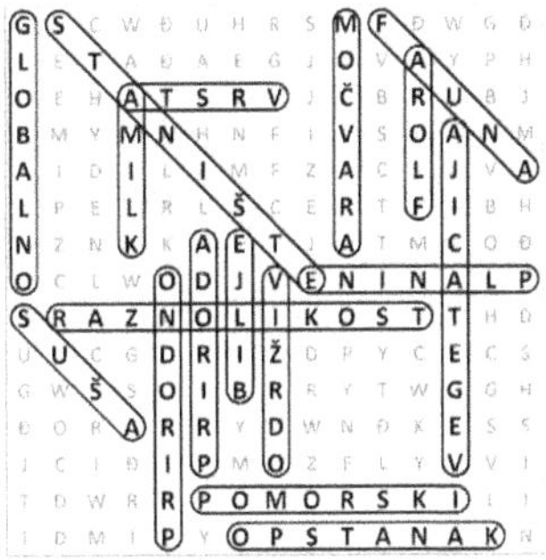

39 - Biologie

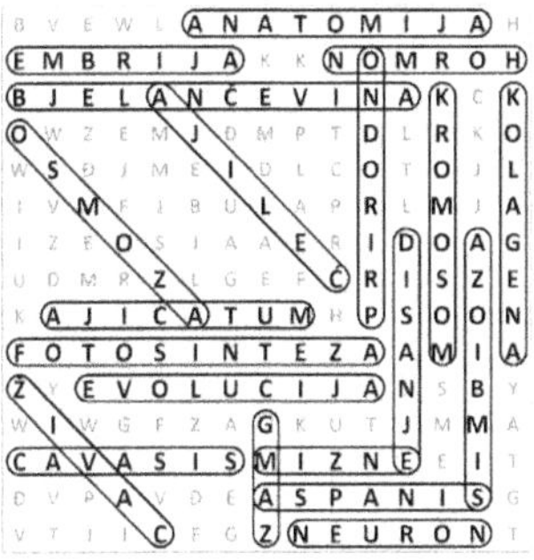

40 - Landen #1

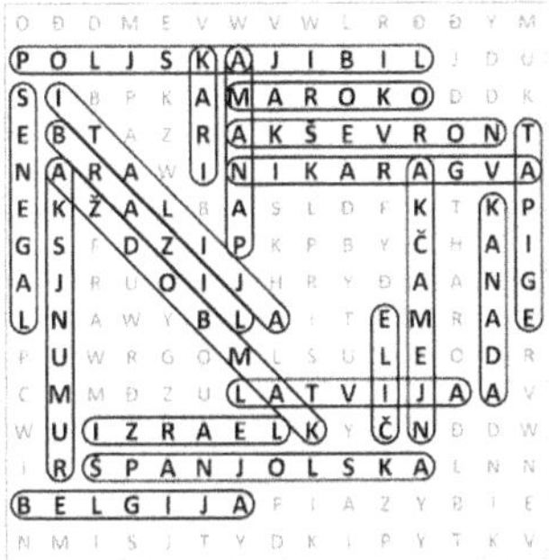

41 - Installaties

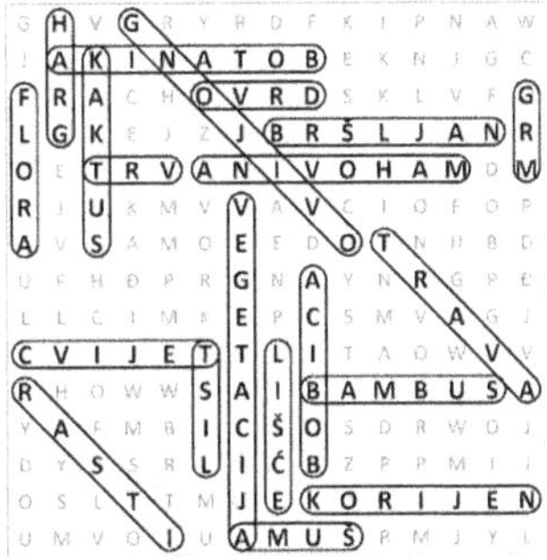

42 - Agronomie

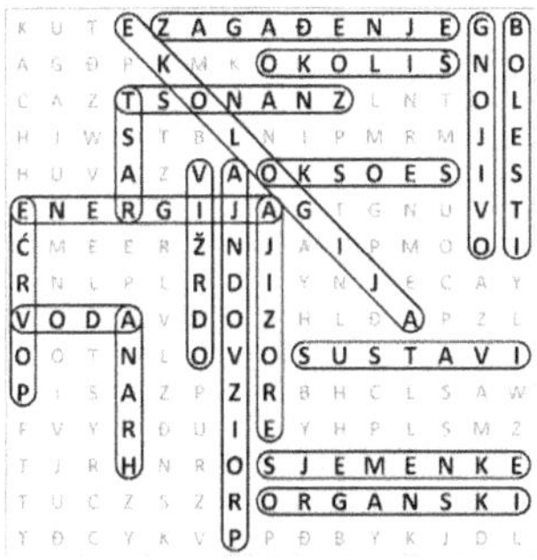

43 - Oceaan

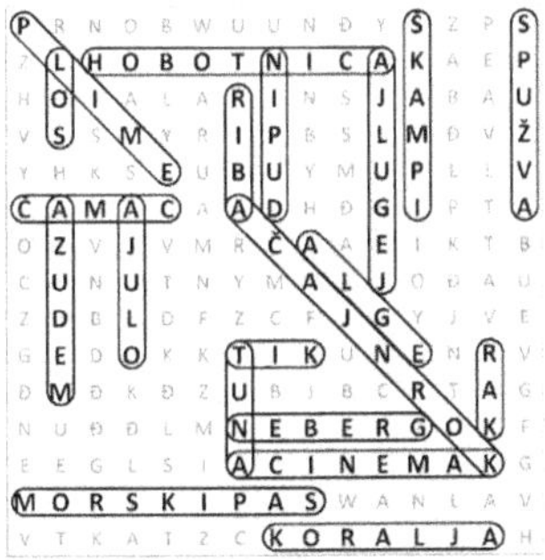

44 - Landen #2

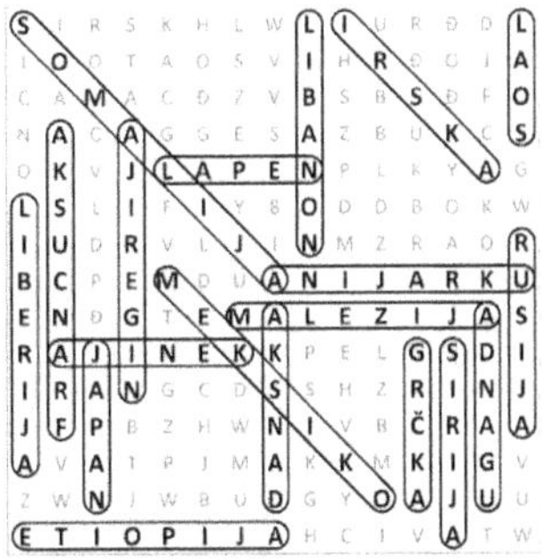

45 - Bloemen

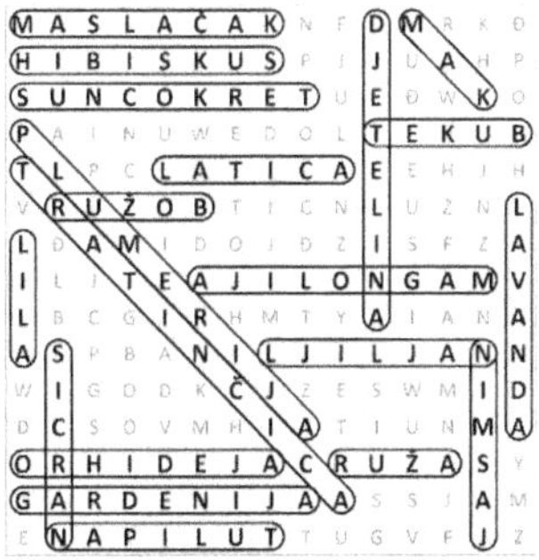

46 - Landschappen

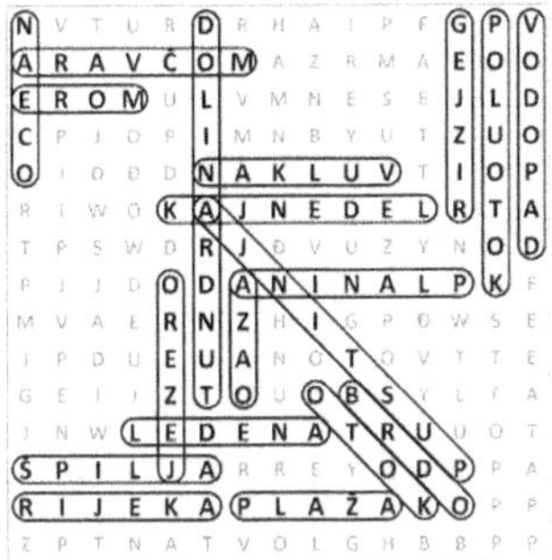

47 - Tuin

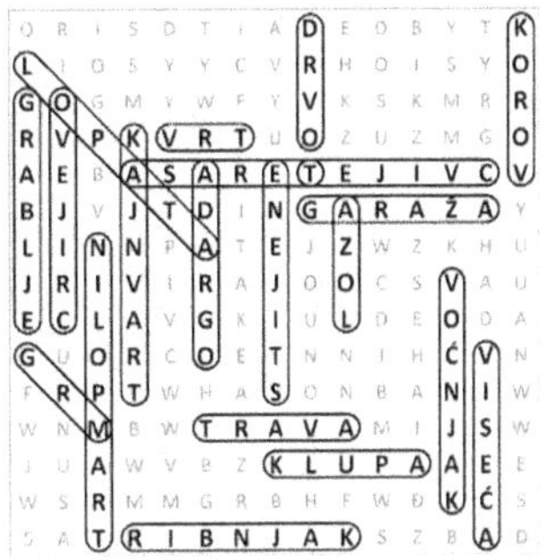

48 - Beroepen #2

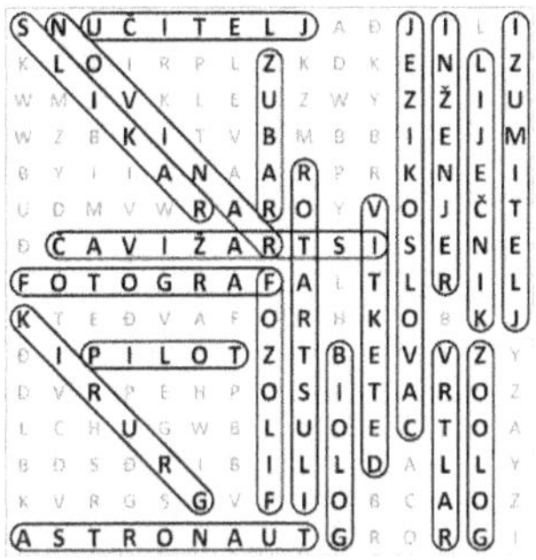

49 - Dagen en Maanden

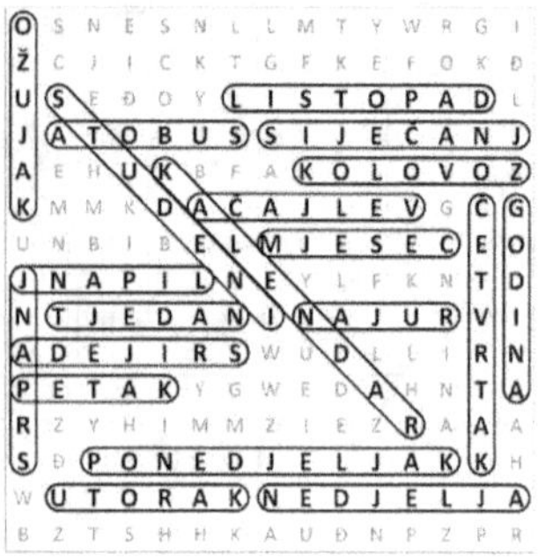

50 - Tuinieren

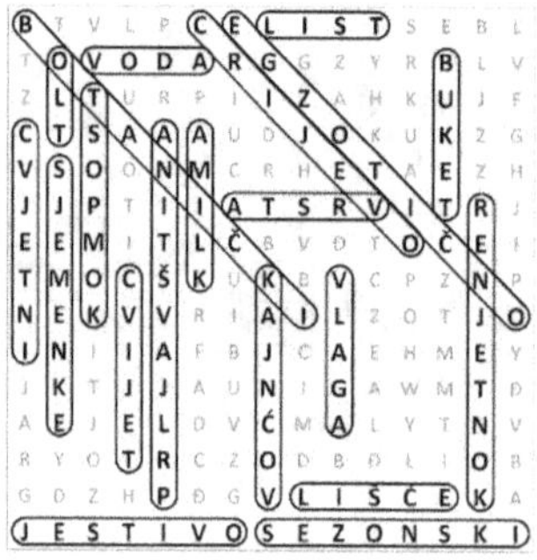

51 - Menselijk Lichaam

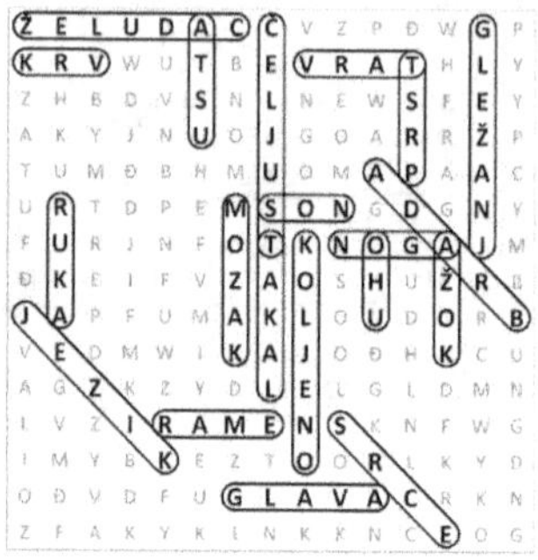

52 - Energie

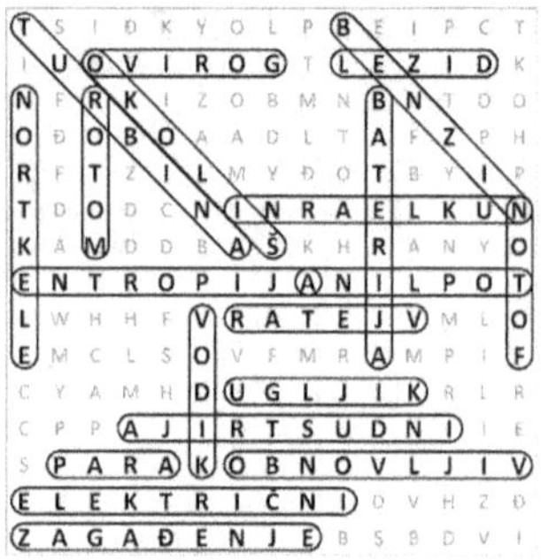

53 - Familie

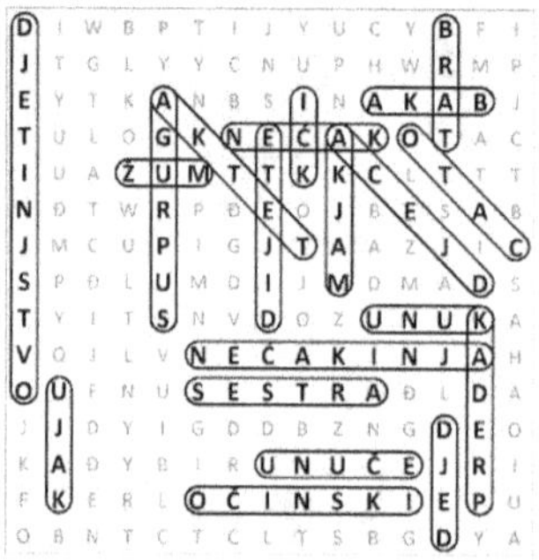

54 - Gebouwen

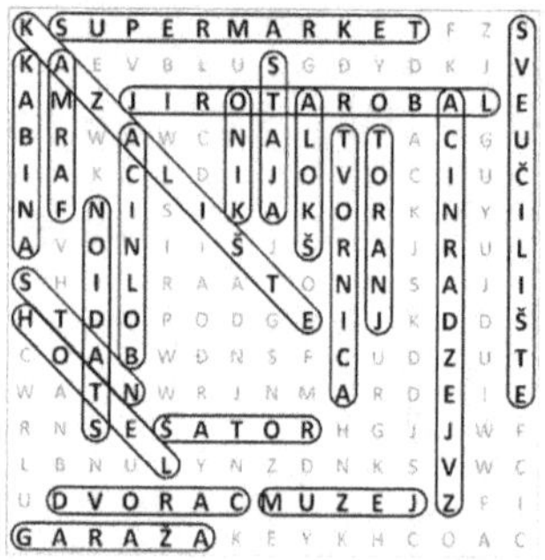

55 - Beroepen #1

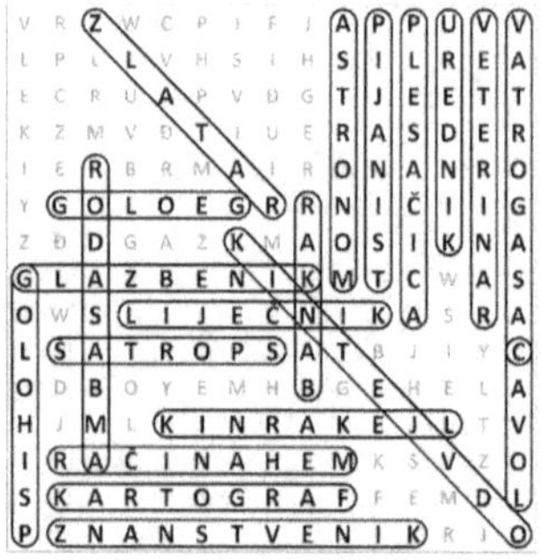

56 - Antarctica

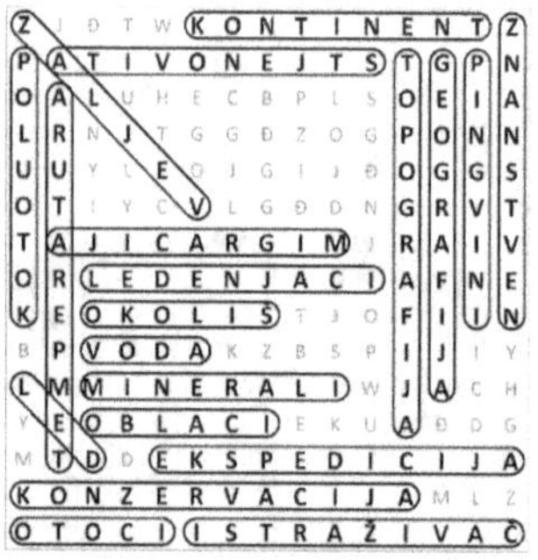

57 - Ballet

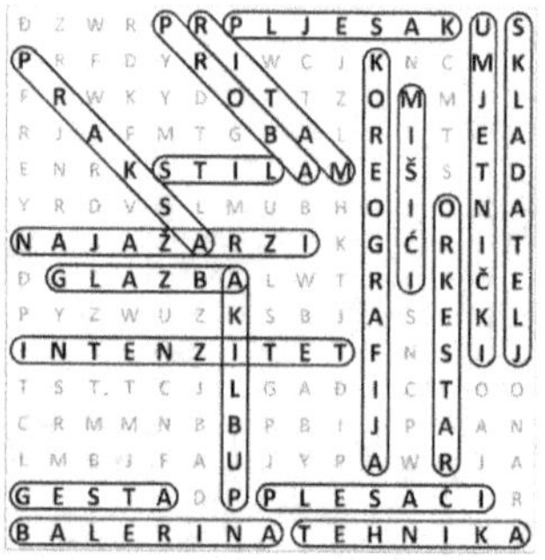

58 - Fruit

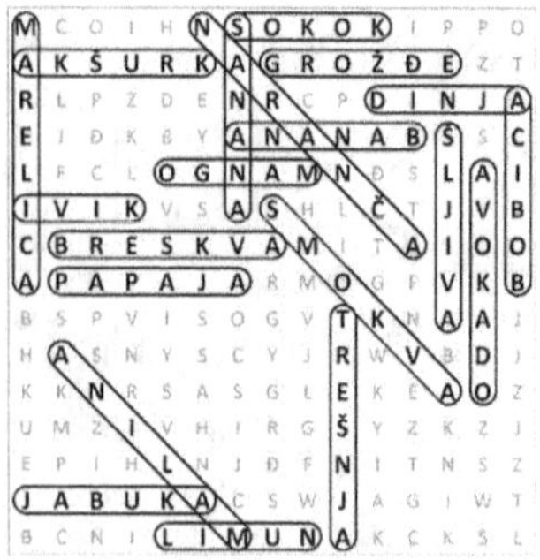

59 - Engineering

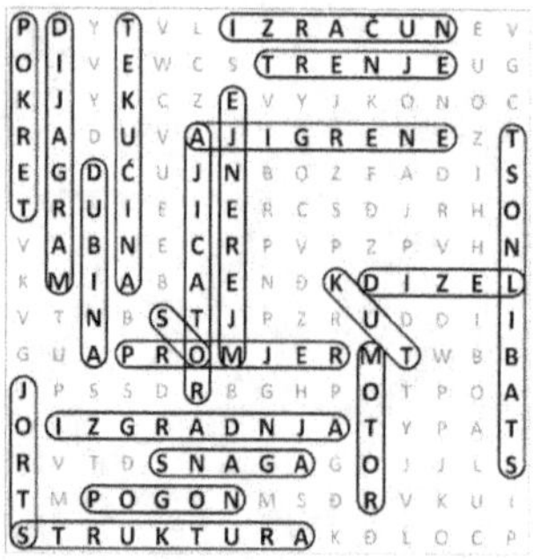

60 - Literatuur

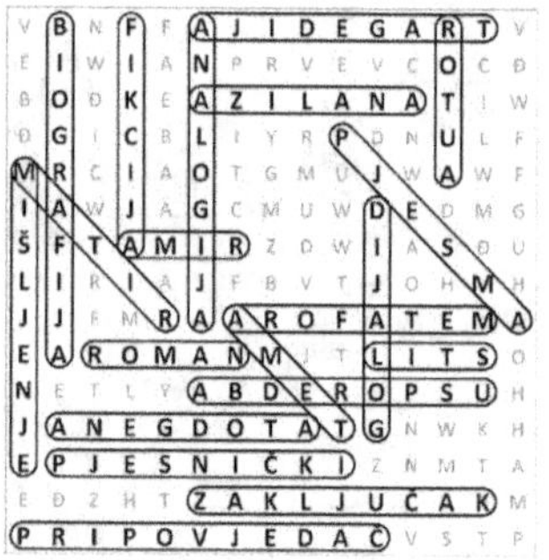

61 - Boeken

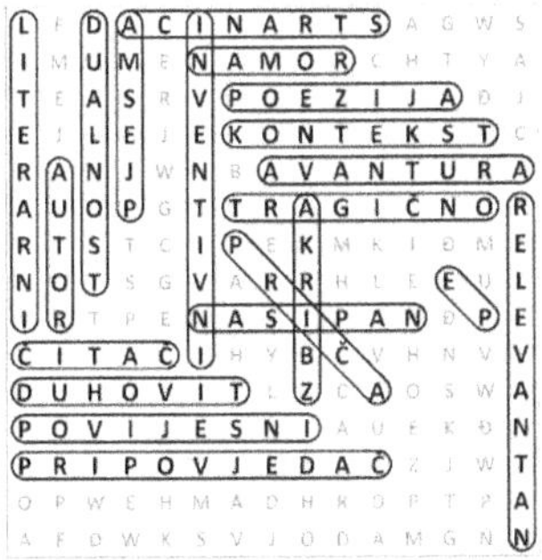

62 - Meer Informatie

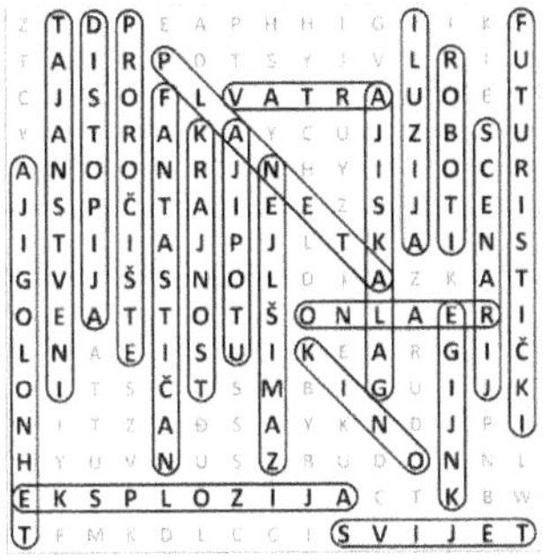

63 - Regenwoud

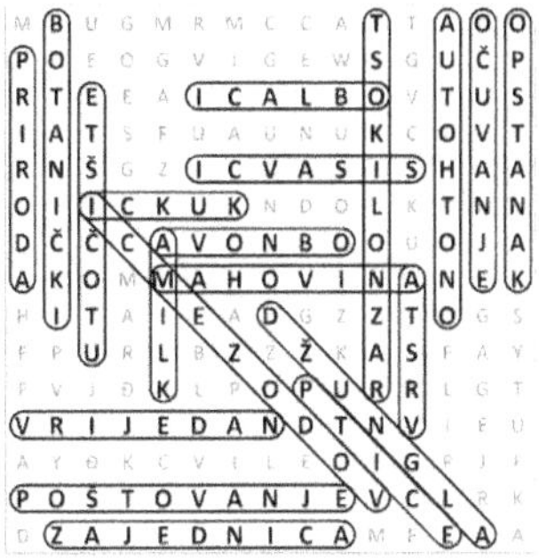

64 - Haartypes

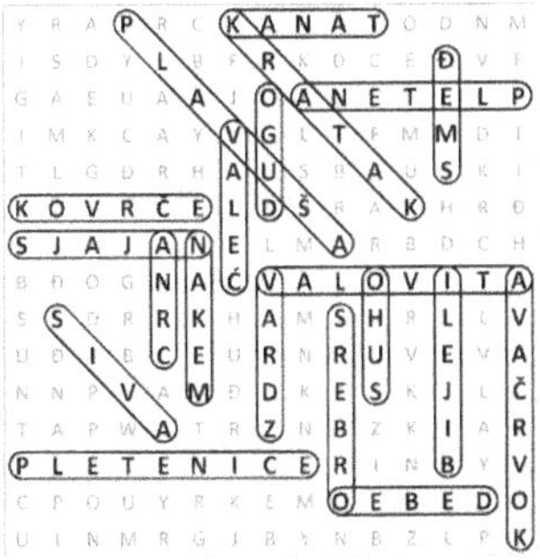

65 - Stad

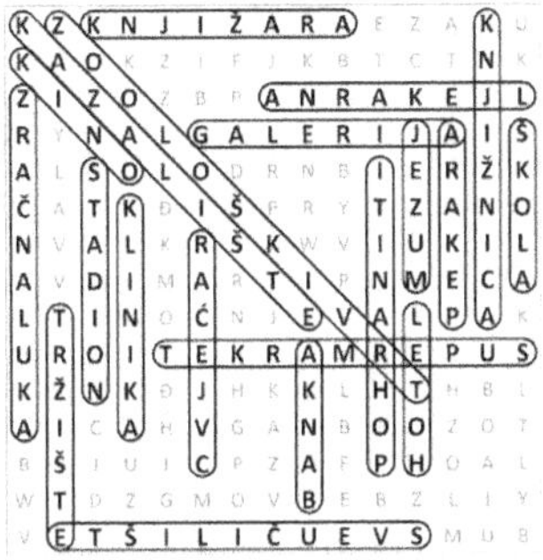

66 - Creativiteit

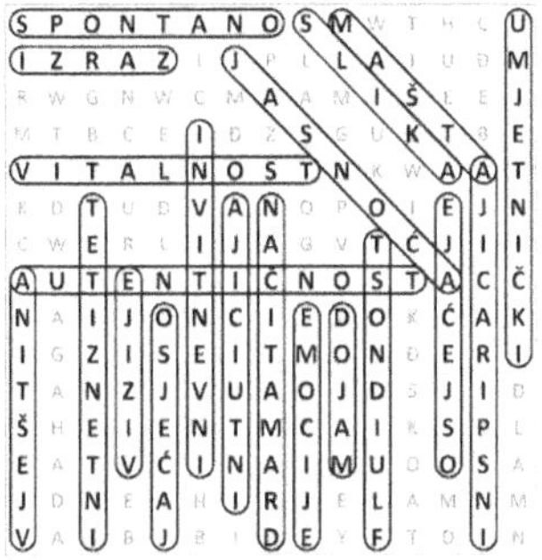

67 - Natuur

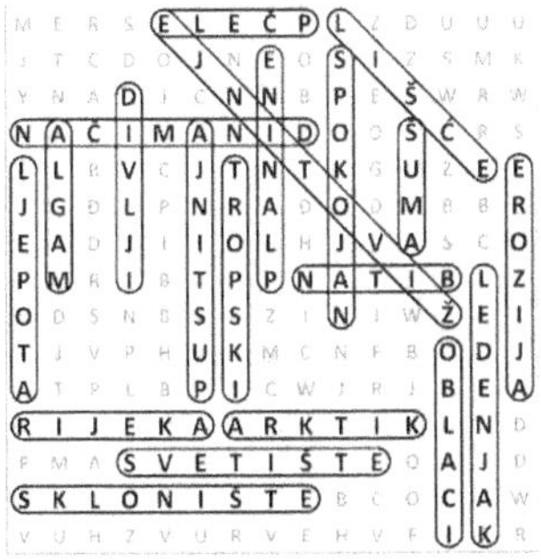

68 - Zoogdieren

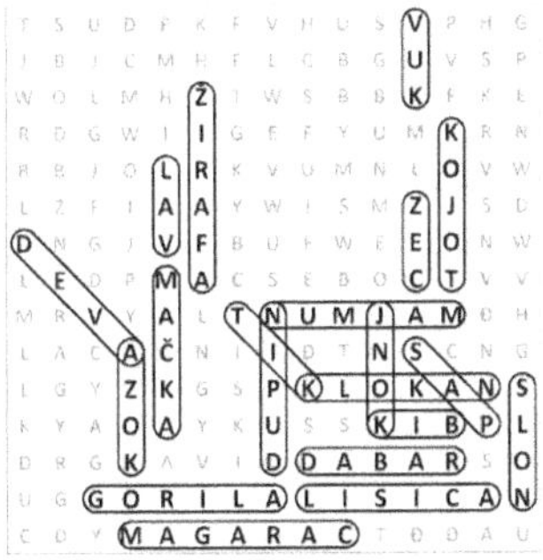

69 - Overheid

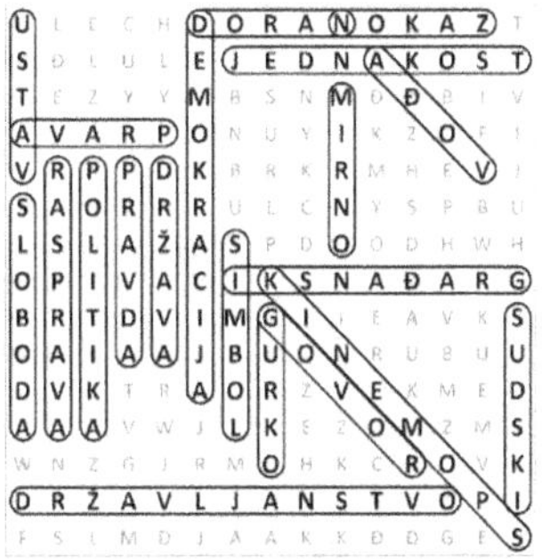

70 - Voertuigen

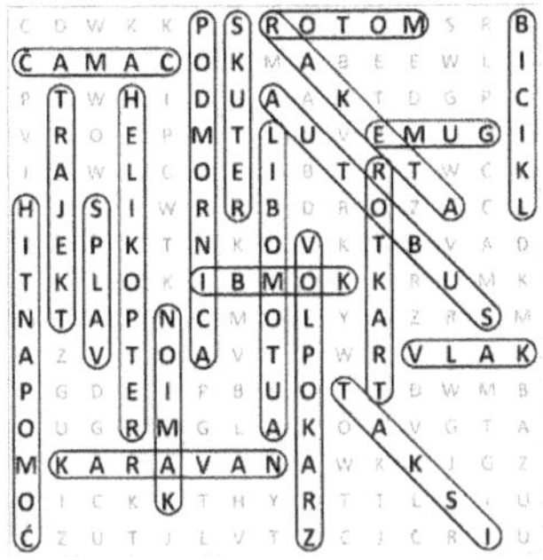

71 - Geografie

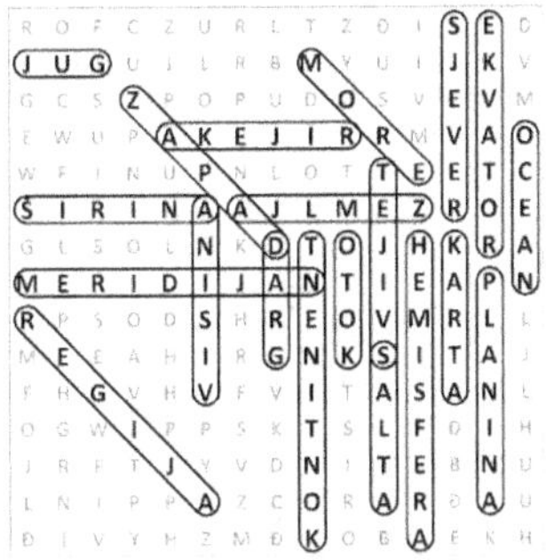

72 - Barbecues

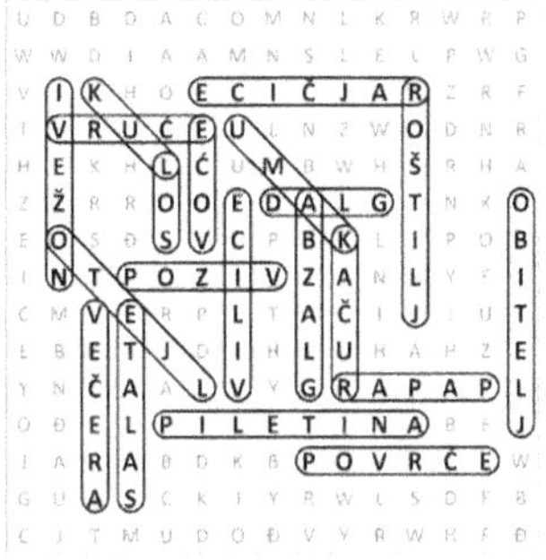

73 - Schoonheid

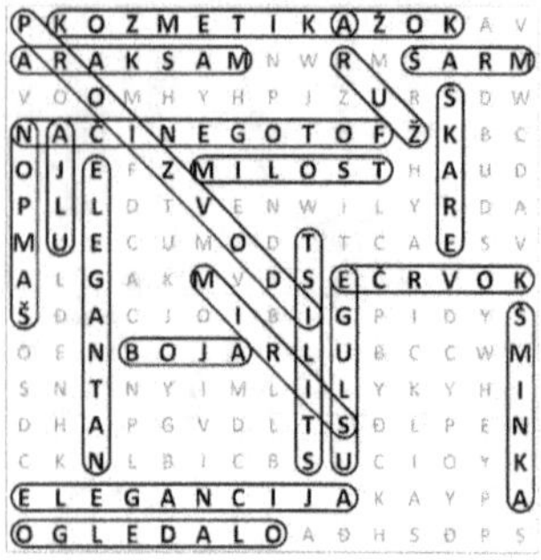

74 - Wetenschappelijk

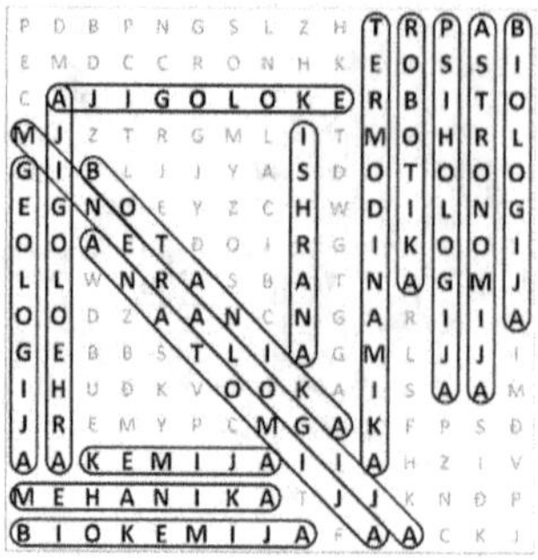

75 - Bijvoeglijke Naamwoorden

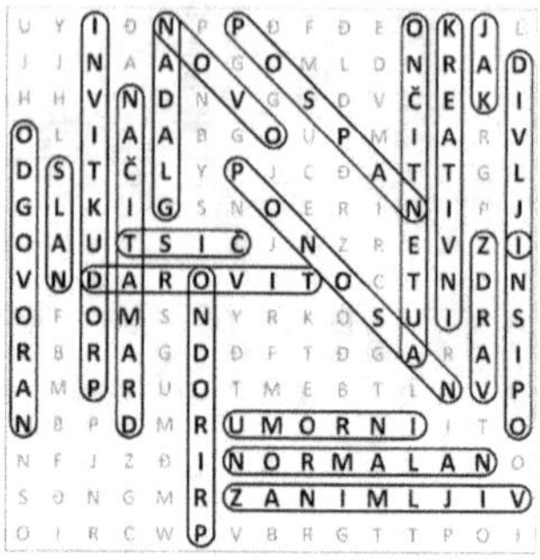

76 - Kleding

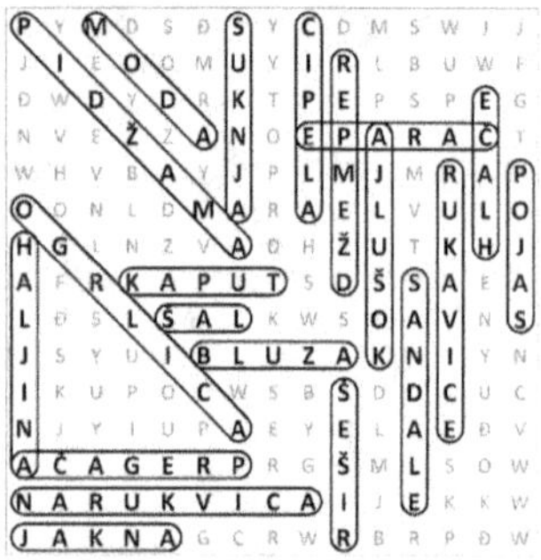

77 - Vliegtuigen

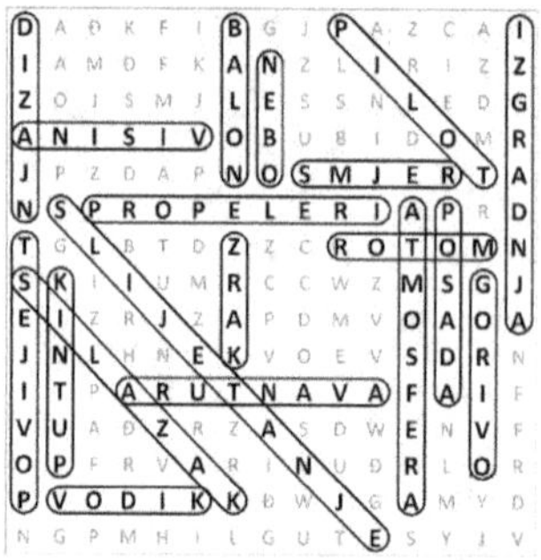

78 - Herbalisme

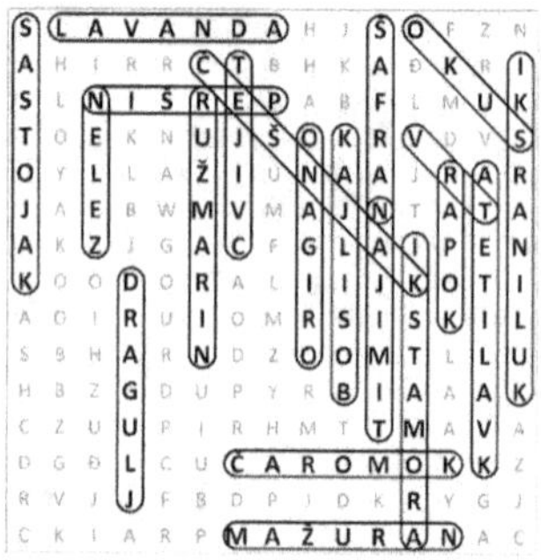

79 - Kracht en Zwaartekracht

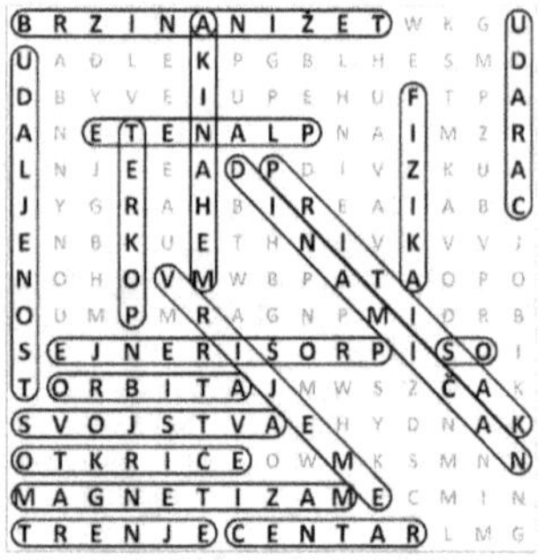

80 - Rijden

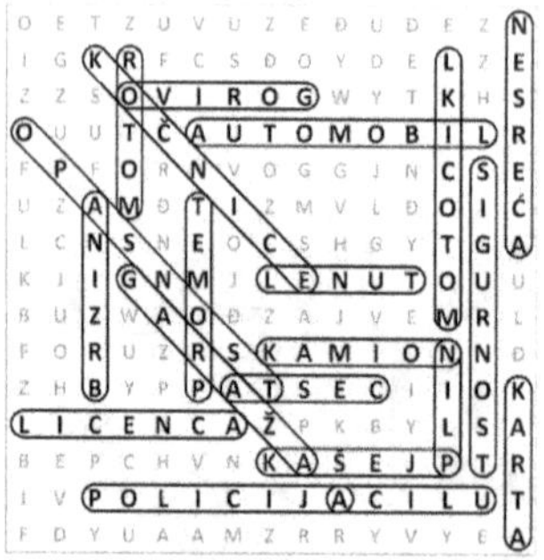

81 - Wetenschap

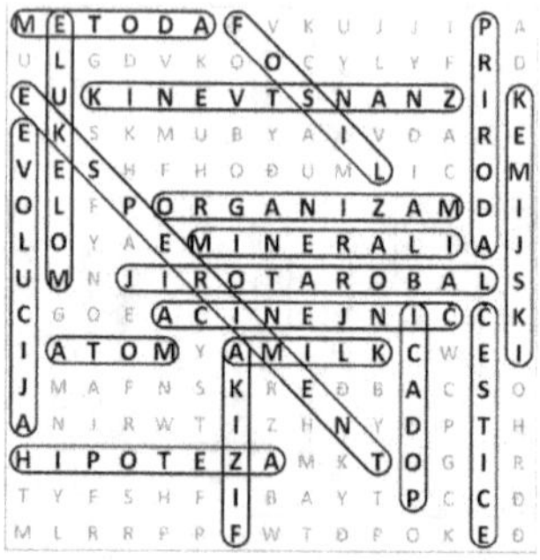

82 - Natuurkunde

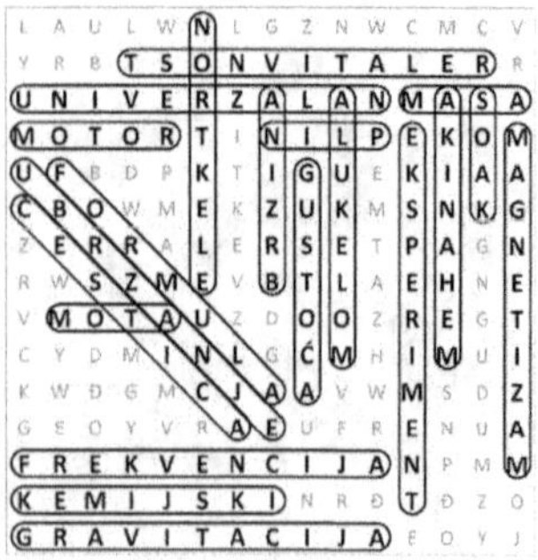

83 - Muziekinstrument

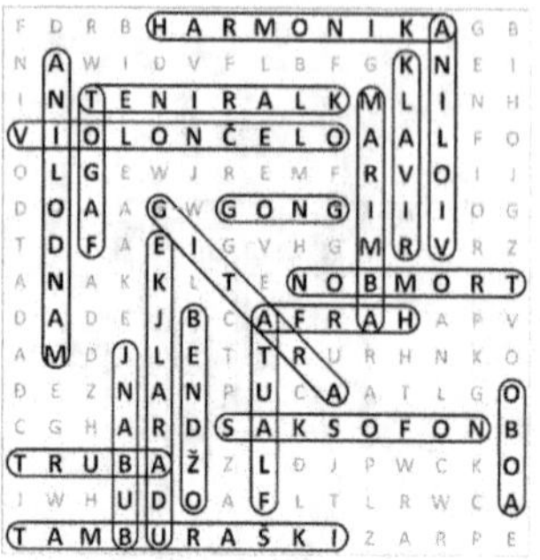

84 - Antiek

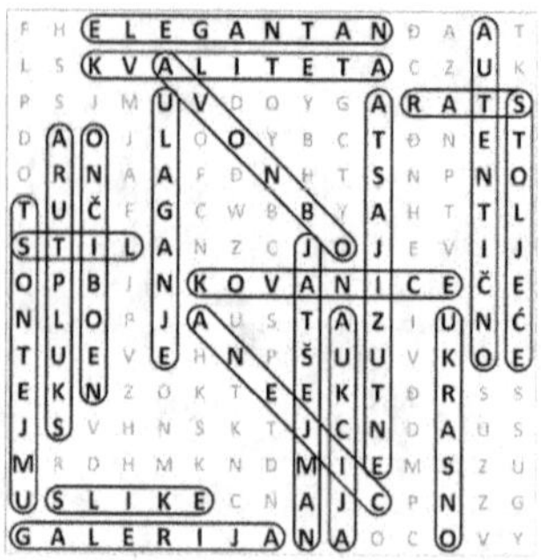

85 - Activiteiten en Vrije Ti

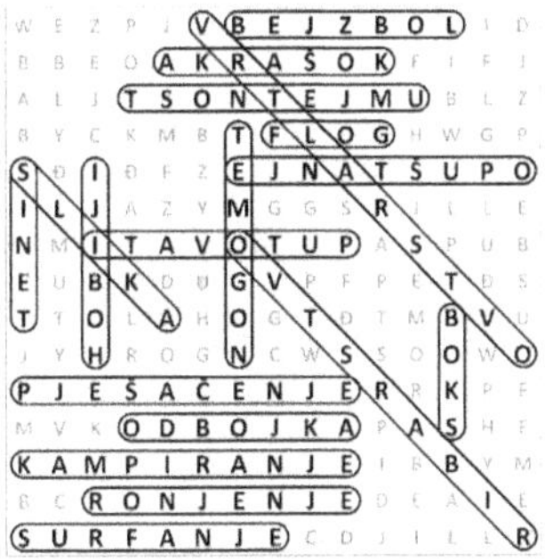

86 - Koffie

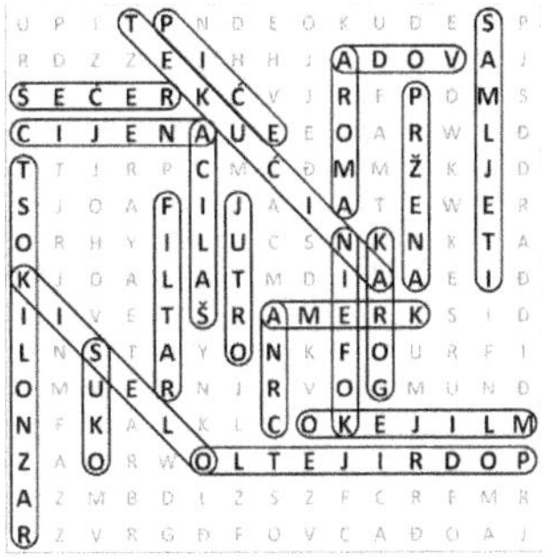

87 - Schaken

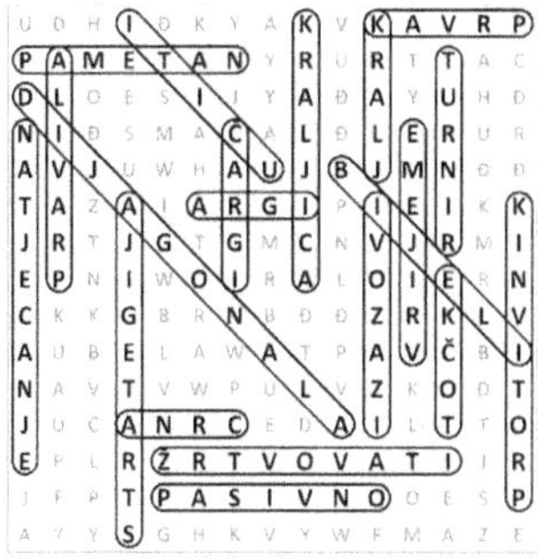

88 - Boerderij #1

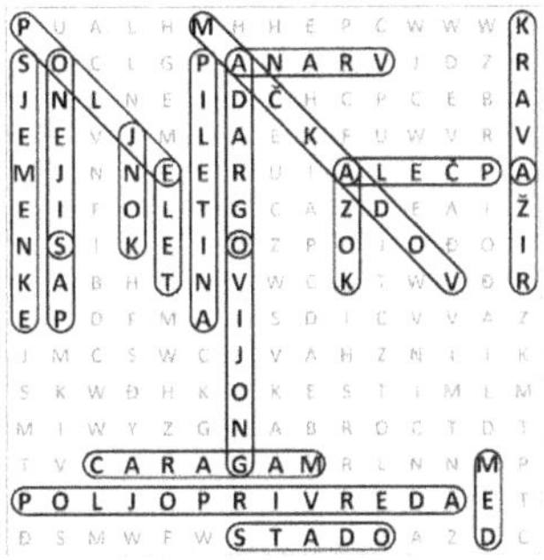

89 - Huis

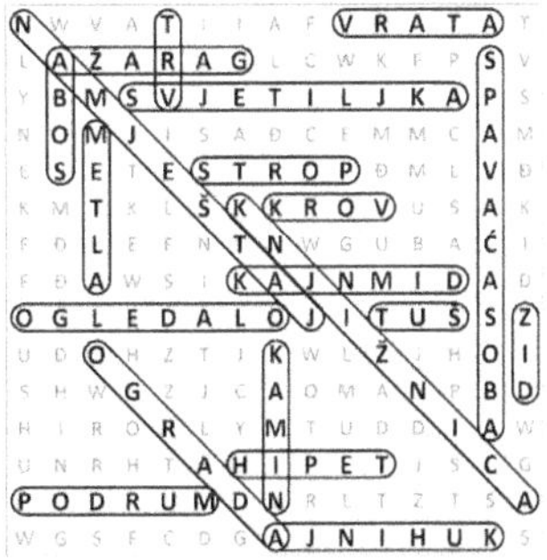

90 - Geometrie

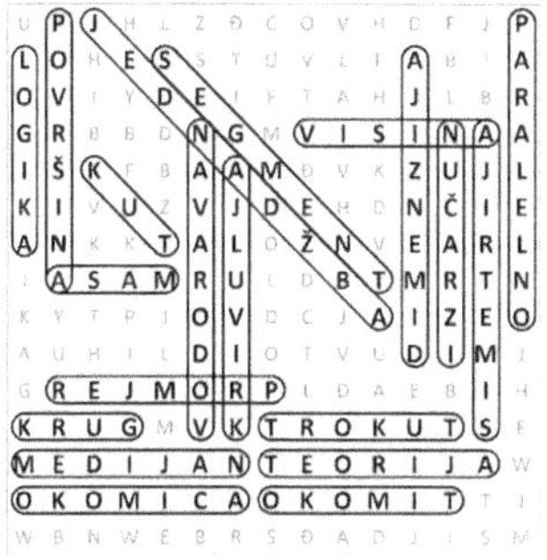

91 - Jazz

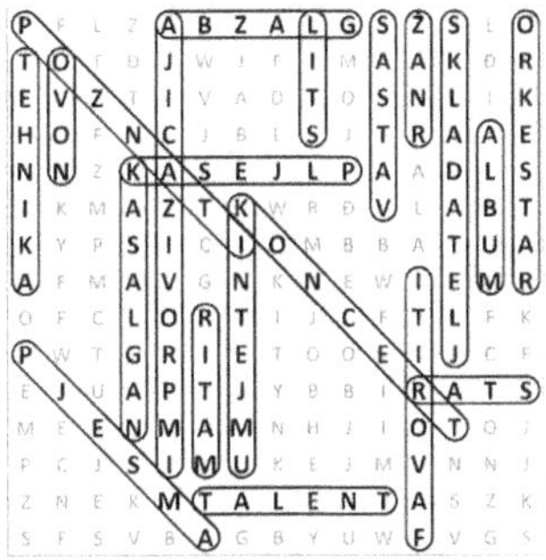

92 - Getallen

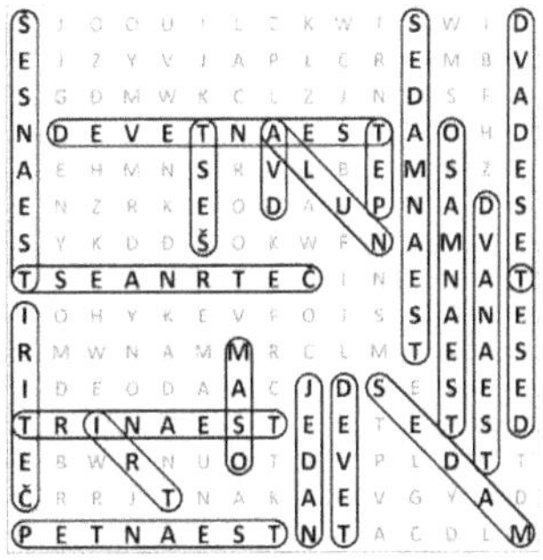

93 - Boksen

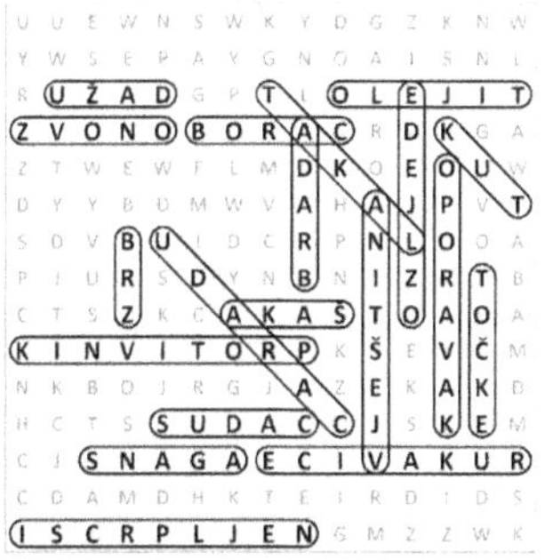

94 - Boerderij #2

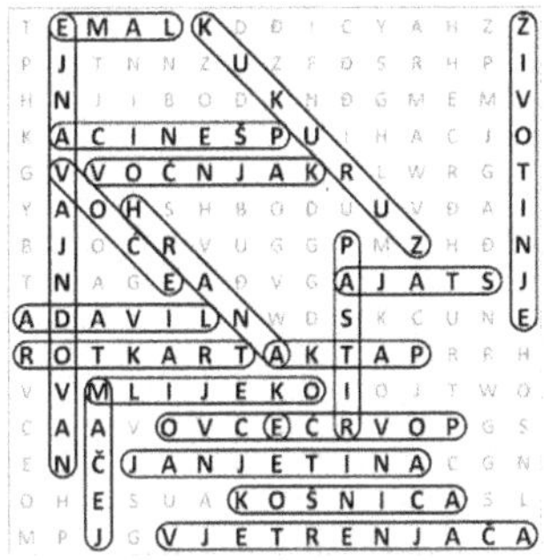

95 - Psychologie

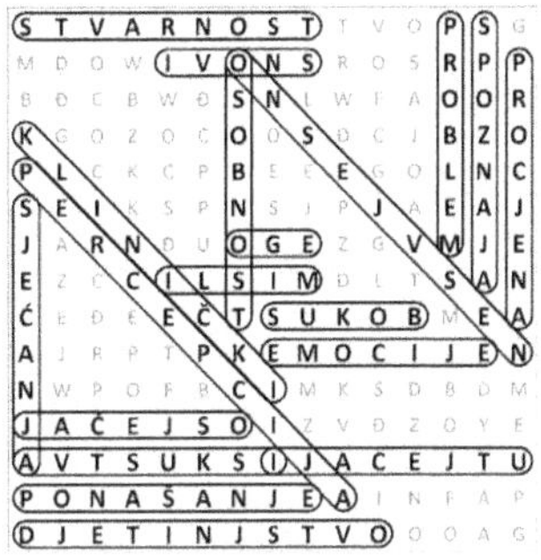

96 - Elektriciteit

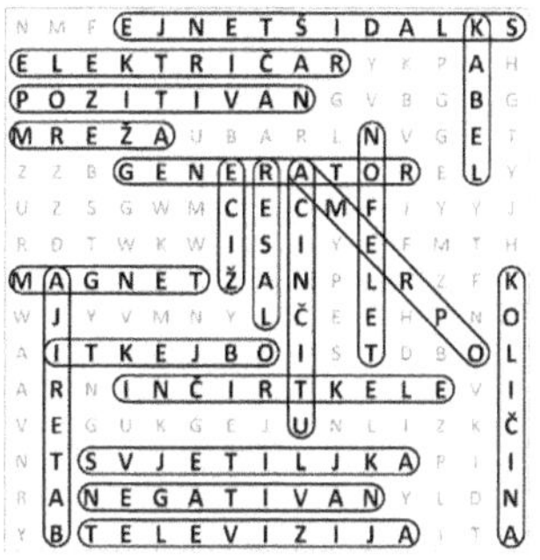

97 - Zakelijk

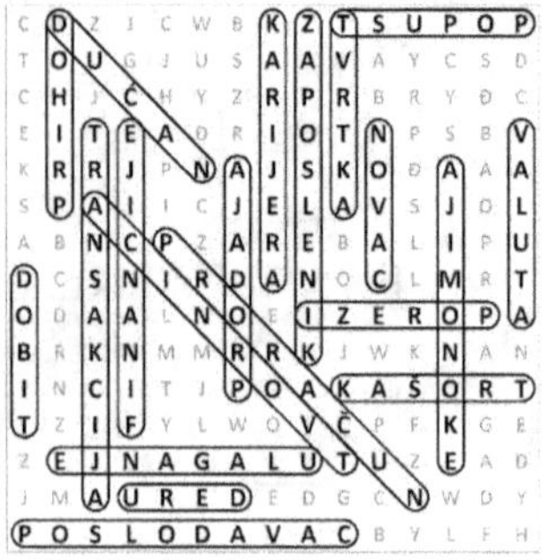

98 - Voeding

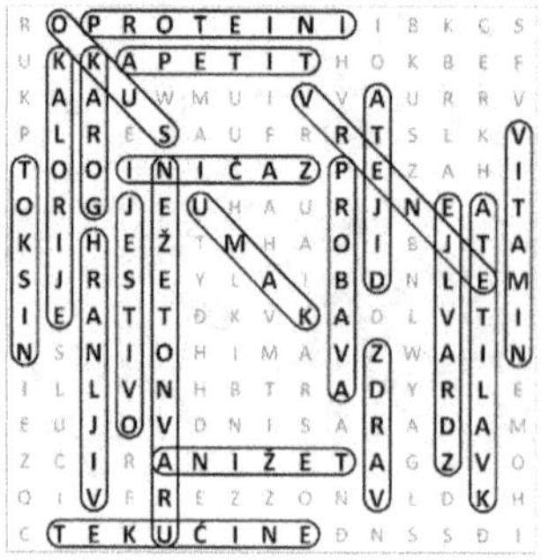

99 - Chemie

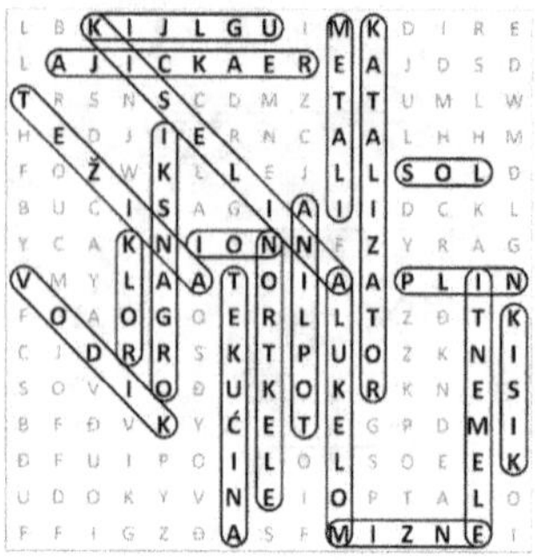

Woordenboek

Activiteiten
Aktivnosti

Activiteit	Aktivnost
Ambachten	Obrt
Dansen	Ples
Fotografie	Fotografija
Games	Igre
Hengelsport	Ribarstvo
Jacht	Lov
Kamperen	Kampiranje
Keramiek	Keramika
Kunst	Umjetnost
Lezen	Čitanje
Magie	Magija
Naaien	Šivanje
Ontspanning	Opuštanje
Plezier	Zadovoljstvo
Puzzels	Zagonetke
Schilderij	Slika
Tuinieren	Vrtlarstvo
Vaardigheid	Vještina
Wandelen	Pješačenje

Activiteiten en Vrije Ti
Zabava i Slobodno Vrijeme

Basketbal	Košarka
Boksen	Boks
Duiken	Ronjenje
Golf	Golf
Hengelsport	Ribarstvo
Hobby	Hobiji
Honkbal	Bejzbol
Kamperen	Kampiranje
Kunst	Umjetnost
Ontspannen	Opuštanje
Reis	Putovati
Schilderij	Slika
Surfen	Surfanje
Tennis	Tenis
Tuinieren	Vrtlarstvo
Voetbal	Nogomet
Volleybal	Odbojka
Wandelen	Pješačenje
Zwemmen	Plivanje

Agronomie
Agronomija

Duurzaam	Održiv
Ecologie	Ekologija
Energie	Energija
Erosie	Erozija
Groei	Rast
Groente	Povrće
Landbouw	Poljoprivreda
Landelijk	Seosko
Mest	Gnojivo
Omgeving	Okoliš
Onderzoek	Istraživanje
Organisch	Organski
Productie	Proizvodnja
Systemen	Sustavi
Vervuiling	Zagađenje
Voedsel	Hrana
Water	Voda
Wetenschap	Znanost
Zaden	Sjemenke
Ziekten	Bolesti

Algebra
Algebra

Aftrekken	Oduzimanje
Diagram	Dijagram
Divisie	Podjela
Exponent	Eksponent
Factor	Faktor
Formule	Formula
Fractie	Frakcija
Grafiek	Grafikon
Haakje	Zagrada
Hoeveelheid	Količina
Lineair	Linearni
Matrix	Matrica
Nul	Nula
Oneindig	Beskonačno
Oplossing	Rješenje
Probleem	Problem
Som	Suma
Vals	Lažno
Variabele	Varijabla
Vergelijking	Jednadžba

Antarctica
Antarktika

Baai	Zaljev
Behoud	Konzervacija
Continent	Kontinent
Eilanden	Otoci
Expeditie	Ekspedicija
Geografie	Geografija
Gletsjers	Ledenjaci
Ijs	Led
Migratie	Migracija
Mineralen	Minerali
Omgeving	Okoliš
Onderzoeker	Istraživač
Pinguïn	Pingvini
Rotsachtig	Stjenovita
Schiereiland	Poluotok
Temperatuur	Temperatura
Topografie	Topografija
Water	Voda
Wetenschappelijk	Znanstven
Wolken	Oblaci

Antiek
Antikviteti

Authentiek	Autentično
Beeldhouwwerk	Skulptura
Decoratief	Ukrasno
Eeuw	Stoljeće
Elegant	Elegantan
Galerij	Galerija
Investering	Ulaganje
Kunst	Umjetnost
Kwaliteit	Kvaliteta
Liefhebber	Entuzijasta
Meubilair	Namještaj
Munten	Kovanice
Ongewoon	Neobično
Oud	Star
Prijs	Cijena
Restauratie	Obnova
Schilderijen	Slike
Stijl	Stil
Veiling	Aukcija
Waarde	Vrijednost

Archeologie
Arheologija

Analyse	Analiza
Beschaving	Civilizacija
Botten	Kosti
Deskundige	Stručnjak
Evaluatie	Evaluacija
Fossiel	Fosil
Fragmenten	Fragmenti
Graf	Grob
Jaren	Godine
Mysterie	Misterija
Nakomeling	Potomak
Objecten	Objekti
Onbekend	Nepoznat
Onderzoeker	Istraživač
Professor	Profesor
Relikwie	Relikvija
Team	Tim
Tempel	Hram
Tijdperk	Doba
Vergeten	Zaboravio

Astronomie
Astronomija

Aarde	Zemlja
Asteroïde	Asteroid
Astronaut	Astronaut
Astronoom	Astronom
Equinox	Ekvinocija
Komeet	Komet
Kosmos	Kozmos
Maan	Mjesec
Meteoor	Meteor
Nevel	Maglica
Observatorium	Zvjezdarnica
Planeet	Planeta
Raket	Raketa
Satelliet	Satelit
Ster	Zvijezda
Sterrenbeeld	Konstelacija
Straling	Zračenje
Telescoop	Teleskop
Universum	Svemir
Zwaartekracht	Gravitacija

Avontuur
Avantura

Activiteit	Aktivnost
Bestemming	Odredište
Enthousiasme	Entuzijazam
Excursie	Izlet
Gevaarlijk	Opasno
Kans	Prilika
Moed	Hrabrost
Moeilijkheid	Teškoća
Natuur	Priroda
Navigatie	Navigacija
Nieuw	Novo
Ongewoon	Neobično
Reizen	Putovanja
Schoonheid	Ljepota
Uitdagingen	Izazovi
Veiligheid	Sigurnost
Verrassend	Iznenađujući
Voorbereiding	Priprema
Vreugde	Radost
Vrienden	Prijatelji

Ballet
Balet

Applaus	Pljesak
Artistiek	Umjetnički
Ballerina	Balerina
Choreografie	Koreografija
Componist	Skladatelj
Dansers	Plesači
Expressief	Izražajan
Gebaar	Gesta
Intensiteit	Intenzitet
Muziek	Glazba
Orkest	Orkestar
Praktijk	Praksa
Publiek	Publika
Repetitie	Proba
Ritme	Ritam
Sierlijk	Graciozan
Spieren	Mišići
Stijl	Stil
Techniek	Tehnika
Vaardigheid	Vještina

Barbecues
Roštilji

Diner	Večera
Familie	Obitelj
Fruit	Voće
Grill	Roštilj
Groente	Povrće
Heet	Vruće
Honger	Glad
Kip	Piletina
Lunch	Ručak
Messen	Noževi
Muziek	Glazba
Peper	Papar
Salades	Salate
Saus	Umak
Tomaten	Rajčice
Uien	Luk
Uitnodiging	Poziv
Vorken	Vilice
Zomer	Ljeto
Zout	Sol

Beroepen #1
Zanimanja № 1

Advocaat	Odvjetnik
Ambassadeur	Ambasador
Apotheker	Ljekarnik
Astronoom	Astronom
Atleet	Sportaš
Bankier	Bankar
Brandweerman	Vatrogasac
Cartograaf	Kartograf
Danser	Plesačica
Dierenarts	Veterinar
Dokter	Liječnik
Editor	Urednik
Geoloog	Geolog
Jager	Lovac
Juwelier	Zlatar
Monteur	Mehaničar
Muzikant	Glazbenik
Pianist	Pijanist
Psycholoog	Psiholog
Wetenschapper	Znanstvenik

Beroepen #2
Zanimanja № 2

Arts	Liječnik
Astronaut	Astronaut
Bibliothecaris	Knjižničar
Bioloog	Biolog
Chirurg	Kirurg
Detective	Detektiv
Filosoof	Filozof
Fotograaf	Fotograf
Illustrator	Ilustrator
Ingenieur	Inženjer
Journalist	Novinar
Leraar	Učitelj
Linguïst	Jezikoslovac
Onderzoeker	Istraživač
Piloot	Pilot
Schilder	Slikar
Tandarts	Zubar
Tuinman	Vrtlar
Uitvinder	Izumitelj
Zoöloog	Zoolog

Bijen
Pčele

Bestuiver	Oprašivač
Bijenkorf	Košnica
Bloemen	Cvijeće
Bloesem	Cvijet
Diversiteit	Raznolikost
Ecosysteem	Ekosustav
Fruit	Voće
Habitat	Stanište
Honing	Med
Insect	Kukac
Koningin	Kraljica
Rook	Dim
Stuifmeel	Pelud
Tuin	Vrt
Vleugels	Krila
Voedsel	Hrana
Voordelig	Korisno
Was	Vosak
Zon	Sunce
Zwerm	Roj

Bijvoeglijke Naamwoorden
Pridjevi № 1

Aantrekkelijk	Atraktivan
Actief	Aktivan
Ambitieus	Ambiciozan
Aromatisch	Aromatski
Artistiek	Umjetnički
Belangrijk	Važno
Diep	Duboko
Donker	Mrak
Dun	Tanak
Eerlijk	Iskren
Exotisch	Egzotično
Identiek	Identičan
Jong	Mladi
Lang	Dugo
Langzaam	Usporiti
Modern	Moderan
Onschuldig	Nevin
Perfect	Savršen
Waardevol	Vrijedan
Zwaar	Teška

Bijvoeglijke Naamwoorden
Pridjevi № 2

Authentiek	Autentično
Begaafd	Darovit
Beschrijvend	Opisni
Creatief	Kreativni
Dramatisch	Dramatičan
Gezond	Zdrav
Hongerig	Gladan
Interessant	Zanimljiv
Moe	Umorni
Natuurlijk	Prirodno
Nieuw	Novo
Normaal	Normalan
Productief	Produktivni
Slaperig	Pospan
Sterk	Jak
Trots	Ponosan
Verantwoordelijk	Odgovoran
Wild	Divlji
Zout	Slan
Zuiver	Čist

Biologie
Biologija

Ademhaling	Disanje
Anatomie	Anatomija
Cel	Ćelija
Chromosoom	Kromosom
Collageen	Kolagena
Eiwit	Bjelančevina
Embryo	Embrija
Enzym	Enzim
Evolutie	Evolucija
Fotosynthese	Fotosinteza
Hormoon	Hormon
Mutatie	Mutacija
Natuurlijk	Prirodno
Neuron	Neuron
Osmose	Osmoza
Reptiel	Gmaz
Symbiose	Simbioza
Synaps	Sinapsa
Zenuw	Živac
Zoogdier	Sisavac

Bloemen
Cvijeće

Bloemblad	Latica
Boeket	Buket
Gardenia	Gardenija
Hibiscus	Hibiskus
Jasmijn	Jasmin
Klaver	Djetelina
Lavendel	Lavanda
Lelie	Ljiljan
Lila	Lila
Madeliefje	Tratinčica
Magnolia	Magnolija
Narcis	Narcis
Orchidee	Orhideja
Paardebloem	Maslačak
Papaver	Mak
Pioenroos	Božur
Plumeria	Plumerija
Roos	Ruža
Tulp	Tulipan
Zonnebloem	Suncokret

Boeken
Knjige

Auteur	Autor
Avontuur	Avantura
Bladzijde	Stranica
Collectie	Zbirka
Context	Kontekst
Dualiteit	Dualnost
Episch	Ep
Gedicht	Pjesma
Geschreven	Napisan
Historisch	Povijesni
Humoristisch	Duhovit
Inventief	Inventivni
Lezer	Čitač
Literair	Literarni
Poëzie	Poezija
Relevant	Relevantan
Roman	Roman
Tragisch	Tragično
Verhaal	Priča
Verteller	Pripovjedač

Boerderij #1
Farma Broj 1

Bij	Pčela
Ezel	Magarac
Geit	Koza
Hek	Ograda
Hond	Pas
Honing	Med
Hooi	Sijeno
Kalf	Tele
Kat	Mačka
Kip	Piletina
Koe	Krava
Kraai	Vrana
Kudde	Stado
Landbouw	Poljoprivreda
Mest	Gnojivo
Paard	Konj
Rijst	Riža
Veld	Polje
Water	Voda
Zaden	Sjemenke

Boerderij #2
Farma № 2

Bijenkorf	Košnica
Boomgaard	Voćnjak
Dieren	Životinje
Eend	Patka
Fruit	Voće
Gerst	Ječam
Groente	Povrće
Herder	Pastir
Irrigatie	Navodnjavanje
Lam	Janjetina
Lama	Lame
Maïs	Kukuruz
Melk	Mlijeko
Schaap	Ovce
Schuur	Staja
Tarwe	Pšenica
Tractor	Traktor
Voedsel	Hrana
Weide	Livada
Windmolen	Vjetrenjača

Boksen
Boks

Elleboog	Lakat
Handschoenen	Rukavice
Herstel	Oporavak
Hoek	Kut
Kin	Brada
Klok	Zvono
Kracht	Snaga
Lichaam	Tijelo
Punten	Točke
Scheidsrechter	Sudac
Schoppen	Udarac
Snel	Brz
Tegenstander	Protivnik
Touwen	Užad
Uitgeput	Iscrpljen
Vaardigheid	Vještina
Vechter	Borac
Verwondingen	Ozljede
Vuist	Šaka

Boten
Brodovi

Anker	Sidro
Bemanning	Posada
Boei	Plutača
Dok	Pristanište
Golven	Valovi
Jacht	Jahta
Kajak	Kajak
Kano	Kanu
Mast	Jarbol
Matroos	Mornar
Meer	Jezero
Motor	Motor
Nautisch	Pomorski
Oceaan	Ocean
Rivier	Rijeka
Touw	Uže
Veerboot	Trajekt
Vlot	Splav
Zee	More
Zeilboot	Jedrilica

Camping
Kampiranje

Avontuur	Avantura
Berg	Planina
Bomen	Drveća
Bos	Šuma
Brand	Vatra
Cabine	Kabina
Dieren	Životinje
Hangmat	Viseća
Hoed	Šešir
Insect	Kukac
Jacht	Lov
Kaart	Karta
Kano	Kanu
Kompas	Kompas
Lantaarn	Fenjer
Maan	Mjesec
Meer	Jezero
Natuur	Priroda
Tent	Šator
Touw	Uže

Chemie
Kemija

Chloor	Klor
Elektron	Elektron
Elementen	Elementi
Enzym	Enzim
Gas	Plin
Gewicht	Težina
Ion	Ion
Katalysator	Katalizator
Koolstof	Ugljik
Metalen	Metali
Molecuul	Molekula
Organisch	Organski
Reactie	Reakcija
Temperatuur	Temperatura
Vloeistof	Tekućina
Warmte	Toplina
Waterstof	Vodik
Zout	Sol
Zuur	Kiselina
Zuurstof	Kisik

Chocolade
Čokolada

Aroma	Aroma
Artisanaal	Zanatski
Bitter	Gorak
Cacao	Kakao
Calorieën	Kalorije
Exotisch	Egzotično
Favoriet	Omiljeni
Heerlijk	Ukusno
Ingrediënt	Sastojak
Karamel	Karamela
Kokosnoot	Kokos
Kwaliteit	Kvaliteta
Pinda'S	Kikiriki
Poeder	Prah
Recept	Recept
Smaak	Ukus
Snoep	Bombon
Suiker	Šećer
Verlangen	Žudnja
Zoet	Slatko

Creativiteit
Kreativnost

Artistiek	Umjetnički
Beeld	Slika
Dramatisch	Dramatičan
Echtheid	Autentičnost
Emoties	Emocije
Gevoel	Osjećaj
Gevoelens	Osjećaje
Helderheid	Jasnoća
Indruk	Dojam
Inspiratie	Inspiracija
Intensiteit	Intenzitet
Intuïtie	Intuicija
Inventief	Inventivni
Spontaan	Spontano
Uitdrukking	Izraz
Vaardigheid	Vještina
Verbeelding	Mašta
Visioenen	Vizije
Vitaliteit	Vitalnost
Vloeibaarheid	Fluidnost

Dagen en Maanden
Dani i Mjeseci

Augustus	Kolovoz
Dinsdag	Utorak
Donderdag	Četvrtak
Februari	Veljača
Jaar	Godina
Januari	Siječanj
Juli	Srpanj
Juni	Lipanj
Kalender	Kalendar
Maand	Mjesec
Maandag	Ponedjeljak
Maart	Ožujak
November	Studeni
Oktober	Listopad
September	Rujan
Vrijdag	Petak
Week	Tjedan
Woensdag	Srijeda
Zaterdag	Subota
Zondag	Nedjelja

Dans
Ples

Academie	Akademija
Beweging	Pokret
Blij	Radostan
Choreografie	Koreografija
Cultureel	Kulturni
Cultuur	Kultura
Emotie	Emocija
Expressief	Izražajan
Genade	Milost
Houding	Držanje
Klassiek	Klasični
Kunst	Umjetnost
Lichaam	Tijelo
Muziek	Glazba
Partner	Partner
Repetitie	Proba
Ritme	Ritam
Springen	Skok
Traditioneel	Tradicionalan
Visueel	Vidni

De Media
Mediji

Commercieel	Trgovački
Communicatie	Komunikacija
Digitaal	Digitalni
Editie	Izdanje
Feiten	Činjenice
Financiering	Financiranje
Foto'S	Fotografije
Houding	Stavovi
Industrie	Industrija
Intellectueel	Intelektualac
Kranten	Novine
Lokaal	Lokalni
Mening	Mišljenje
Netwerk	Mreža
Onderwijs	Obrazovanje
Online	Na Liniji
Publiek	Javnost
Radio	Radio
Televisie	Televizija
Tijdschriften	Časopisi

Diplomatie
Diplomacija

Adviseur	Savjetnik
Ambassadeur	Ambasador
Buitenlands	Strani
Burgers	Građani
Conflict	Sukob
Diplomatiek	Diplomatski
Discussie	Rasprava
Ethiek	Etika
Gemeenschap	Zajednica
Gerechtigheid	Pravda
Humanitair	Humanitarni
Integriteit	Integritet
Oplossing	Rješenje
Politiek	Politika
Regering	Vlada
Resolutie	Odluka
Samenwerking	Suradnja
Talen	Jezici
Veiligheid	Sigurnost
Verdrag	Ugovor

Ecologie
Ekologija

Bergen	Planine
Diversiteit	Raznolikost
Droogte	Suša
Duurzaam	Održiv
Fauna	Fauna
Flora	Flora
Gemeenschappen	Zajednice
Globaal	Globalno
Habitat	Stanište
Klimaat	Klima
Marinier	Pomorski
Moeras	Močvara
Natuur	Priroda
Natuurlijk	Prirodno
Overleving	Opstanak
Planten	Bilje
Soort	Vrsta
Vegetatie	Vegetacija
Vrijwilligers	Volonteri

Elektriciteit
Struja

Accu	Baterija
Apparatuur	Oprema
Draden	Žice
Elektricien	Električar
Elektrisch	Električni
Generator	Generator
Hoeveelheid	Količina
Kabel	Kabel
Lamp	Svjetiljka
Laser	Laser
Magneet	Magnet
Negatief	Negativan
Netwerk	Mreža
Objecten	Objekti
Opslag	Skladištenje
Positief	Pozitivan
Stopcontact	Utičnica
Telefoon	Telefon
Televisie	Televizija

Energie
Energija

Accu	Baterija
Benzine	Benzin
Brandstof	Gorivo
Diesel	Dizel
Elektrisch	Električni
Elektron	Elektron
Entropie	Entropija
Foton	Foton
Hernieuwbaar	Obnovljiv
Industrie	Industrija
Koolstof	Ugljik
Motor	Motor
Nucleair	Nuklearni
Omgeving	Okoliš
Stoom	Para
Turbine	Turbina
Vervuiling	Zagađenje
Warmte	Toplina
Waterstof	Vodik
Wind	Vjetar

Engineering
Inženjerska Umjetnost

As	Os
Berekening	Izračun
Beweging	Pokret
Bouw	Izgradnja
Diagram	Dijagram
Diameter	Promjer
Diepte	Dubina
Diesel	Dizel
Energie	Energija
Hoek	Kut
Kracht	Snaga
Machine	Stroj
Meting	Mjerenje
Motor	Motor
Rotatie	Rotacija
Stabiliteit	Stabilnost
Structuur	Struktura
Vloeistof	Tekućina
Voortstuwing	Pogon
Wrijving	Trenje

Eten #1
Hrana # 1

Aardbei	Jagoda
Abrikoos	Marelica
Basilicum	Bosiljak
Citroen	Limun
Gerst	Ječam
Kaneel	Cimet
Knoflook	Češnjak
Melk	Mlijeko
Peer	Kruška
Pinda	Kikiriki
Salade	Salata
Sap	Sok
Soep	Juha
Spinazie	Špinat
Suiker	Šećer
Tonijn	Tuna
Ui	Luk
Vlees	Meso
Wortel	Mrkva
Zout	Sol

Eten #2
Hrana # 2

Amandel	Badem
Ananas	Ananas
Appel	Jabuka
Asperge	Šparoga
Aubergine	Patlidžan
Banaan	Banana
Broccoli	Brokula
Brood	Kruh
Druif	Grožđe
Ei	Jaje
Ham	Šunka
Kaas	Sir
Kip	Piletina
Kiwi	Kivi
Perzik	Breskva
Rijst	Riža
Tarwe	Pšenica
Tomaat	Rajčica
Vis	Riba
Yoghurt	Jogurt

Familie
Obitelj

Broer	Brat
Dochter	Kći
Grootmoeder	Baka
Jeugd	Djetinjstvo
Kind	Dijete
Kinderen	Djeca
Kleinkind	Unuče
Kleinzoon	Unuk
Man	Muž
Moeder	Majka
Neef	Nećak
Nicht	Nećakinja
Oom	Ujak
Opa	Djed
Tante	Tetka
Vader	Otac
Vaderlijk	Očinski
Voorouder	Predak
Vrouw	Supruga
Zus	Sestra

Fruit
Voće

Abrikoos	Marelica
Ananas	Ananas
Appel	Jabuka
Avocado	Avokado
Banaan	Banana
Bes	Bobica
Citroen	Limun
Druif	Grožđe
Framboos	Malina
Kers	Trešnja
Kiwi	Kivi
Kokosnoot	Kokos
Mango	Mango
Meloen	Dinja
Oranje	Naranča
Papaja	Papaja
Peer	Kruška
Perzik	Breskva
Pruim	Šljiva
Vijg	Smokva

Gebouwen
Građevine

Appartement	Stan
Bioscoop	Kino
Boerderij	Farma
Cabine	Kabina
Fabriek	Tvornica
Garage	Garaža
Hotel	Hotel
Kasteel	Dvorac
Laboratorium	Laboratorij
Museum	Muzej
Observatorium	Zvjezdarnica
School	Škola
Schuur	Staja
Stadion	Stadion
Supermarkt	Supermarket
Tent	Šator
Theater	Kazalište
Toren	Toranj
Universiteit	Sveučilište
Ziekenhuis	Bolnica

Geografie
Geografija

Atlas	Atlas
Berg	Planina
Breedtegraad	Širina
Continent	Kontinent
Eiland	Otok
Evenaar	Ekvator
Halfrond	Hemisfera
Hoogte	Visina
Kaart	Karta
Land	Zemlja
Meridiaan	Meridijan
Noorden	Sjever
Oceaan	Ocean
Regio	Regija
Rivier	Rijeka
Stad	Grad
Wereld	Svijet
Westen	Zapad
Zee	More
Zuiden	Jug

Geologie
Geologija

Aardbeving	Potres
Calcium	Kalcij
Continent	Kontinent
Erosie	Erozija
Fossiel	Fosil
Geiser	Gejzir
Gesmolten	Rastopljen
Grot	Kaverna
Koraal	Koralja
Kristallen	Kristali
Kwarts	Kvarc
Laag	Sloj
Lava	Lava
Plateau	Plato
Stalactiet	Stalaktit
Steen	Kamen
Vulkaan	Vulkan
Zone	Zona
Zout	Sol
Zuur	Kiselina

Geometrie
Geometrija

Berekening	Izračun
Cirkel	Krug
Curve	Krivulja
Diameter	Promjer
Dimensie	Dimenzija
Driehoek	Trokut
Hoek	Kut
Hoogte	Visina
Horizontaal	Vodoravan
Logica	Logika
Loodrecht	Okomica
Massa	Masa
Mediaan	Medijan
Oppervlak	Površina
Parallel	Paralelno
Segment	Segment
Symmetrie	Simetrija
Theorie	Teorija
Vergelijking	Jednadžba
Verticaal	Okomit

Getallen
Brojevi

Acht	Osam
Achttien	Osamnaest
Dertien	Trinaest
Drie	Tri
Een	Jedan
Negen	Devet
Negentien	Devetnaest
Nul	Nula
Tien	Deset
Twaalf	Dvanaest
Twee	Dva
Twintig	Dvadeset
Veertien	Četrnaest
Vier	Četiri
Vijf	Pet
Vijftien	Petnaest
Zes	Šest
Zestien	Šesnaest
Zeven	Sedam
Zeventien	Sedamnaest

Gezondheid en Welzijn #1
Zdravlje i Wellness # 1

Actief	Aktivan
Apotheek	Ljekarna
Bacteriën	Bakterije
Behandeling	Liječenje
Breuk	Lom
Dokter	Liječnik
Gewoonte	Navika
Honger	Glad
Hoogte	Visina
Hormonen	Hormoni
Huid	Koža
Kliniek	Klinika
Letsel	Ozljeda
Medicijn	Lijek
Ontspanning	Opuštanje
Reflex	Refleks
Spieren	Mišići
Therapie	Terapija
Virus	Virus
Zenuwen	Živci

Gezondheid en Welzijn #2
Zdravlje i Wellness # 2

Allergie	Alergija
Anatomie	Anatomija
Bloed	Krv
Calorie	Kalorija
Dieet	Dijeta
Energie	Energija
Genetica	Genetika
Gewicht	Težina
Gezond	Zdrav
Herstel	Oporavak
Hygiëne	Higijena
Infectie	Infekcija
Lichaam	Tijelo
Massage	Masaža
Spijsvertering	Probava
Stress	Stres
Vitamine	Vitamin
Voeding	Ishrana
Ziekenhuis	Bolnica
Ziekte	Bolest

Groenten
Povrće

Artisjok	Artičoka
Aubergine	Patlidžan
Broccoli	Brokula
Erwt	Grašak
Gember	Đumbir
Knoflook	Češnjak
Komkommer	Krastavac
Olijf	Maslina
Paddestoel	Gljiva
Peterselie	Peršin
Pompoen	Bundeva
Raap	Repa
Radijs	Rotkvica
Salade	Salata
Selderij	Celer
Sjalot	Luk Kozjak
Spinazie	Špinat
Tomaat	Rajčica
Ui	Luk
Wortel	Mrkva

Haartypes
Vrste Kose

Blond	Plavuša
Bruin	Smeđ
Dik	Debeo
Droog	Suho
Dun	Tanak
Gevlochten	Pletena
Gezond	Zdrav
Glimmend	Sjajan
Golvend	Valovita
Grijs	Siva
Kaal	Ćelav
Kort	Kratak
Krullen	Kovrče
Krullend	Kovrčava
Lang	Dugo
Vlechten	Pletenice
Wit	Bijeli
Zacht	Mekan
Zilver	Srebro
Zwart	Crna

Herbalisme
Herbalizam

Aromatisch	Aromatski
Basilicum	Bosiljak
Bloem	Cvijet
Culinair	Kulinarski
Dille	Kopar
Dragon	Dragulj
Groen	Zelen
Ingrediënt	Sastojak
Knoflook	Češnjak
Kwaliteit	Kvaliteta
Lavendel	Lavanda
Marjolein	Mažuran
Oregano	Origano
Peterselie	Peršin
Rozemarijn	Ružmarin
Saffraan	Šafran
Smaak	Okus
Tijm	Timijan
Tuin	Vrt
Venkel	Komorač

Huis
Kuća

Bezem	Metla
Bibliotheek	Knjižnica
Dak	Krov
Deur	Vrata
Douche	Tuš
Garage	Garaža
Haard	Kamin
Hek	Ograda
Kamer	Soba
Kelder	Podrum
Keuken	Kuhinja
Lamp	Svjetiljka
Meubilair	Namještaj
Muur	Zid
Plafond	Strop
Schoorsteen	Dimnjak
Slaapkamer	Spavaća Soba
Spiegel	Ogledalo
Tapijt	Tepih
Tuin	Vrt

Immigratie
Imigracija

Administratie	Uprava
Bescherming	Zaštita
Communicatie	Komunikacija
Documenten	Dokumenti
Financiering	Financiranje
Goedkeuring	Odobrenje
Grenzen	Granice
Huisvesting	Kućište
Hulp	Pomoć
Kinderen	Djeca
Officier	Časnik
Onderhandeling	Pregovaranje
Oplossing	Rješenje
Proces	Proces
Situatie	Situacija
Stress	Stres
Taal	Jezik
Termijn	Rok
Volwassenen	Odrasli
Wet	Zakon

Installaties
Biljke

Bamboe	Bambus
Bes	Bobica
Blad	List
Bloem	Cvijet
Boom	Drvo
Boon	Grah
Bos	Šuma
Cactus	Kaktus
Flora	Flora
Gebladerte	Lišće
Gras	Trava
Groeien	Rasti
Klimop	Bršljan
Mest	Gnojivo
Mos	Mahovina
Plantkunde	Botanika
Struik	Grm
Tuin	Vrt
Vegetatie	Vegetacija
Wortel	Korijen

Jazz
Jazz

Album	Album
Applaus	Pljesak
Artiest	Umjetnik
Beroemd	Poznati
Componist	Skladatelj
Concert	Koncert
Favorieten	Favoriti
Genre	Žanr
Improvisatie	Improvizacija
Lied	Pjesma
Muziek	Glazba
Nadruk	Naglasak
Nieuw	Novo
Orkest	Orkestar
Oud	Star
Ritme	Ritam
Samenstelling	Sastav
Stijl	Stil
Talent	Talent
Techniek	Tehnika

Kleding
Odjeća

Armband	Narukvica
Blouse	Bluza
Broek	Hlače
Handschoenen	Rukavice
Hoed	Šešir
Jas	Kaput
Jasje	Jakna
Jurk	Haljina
Ketting	Ogrlica
Mode	Moda
Pyjama	Pidžama
Riem	Pojas
Rok	Suknja
Sandalen	Sandale
Schoen	Cipela
Schort	Pregača
Shirt	Košulja
Sjaal	Šal
Sokken	Čarape
Trui	Džemper

Klimmen
Penjanje po Stijenama

Atmosfeer	Atmosfera
Deskundige	Stručnjak
Fysiek	Fizički
Gidsen	Vodiči
Grot	Špilja
Handschoenen	Rukavice
Helm	Kaciga
Hoogte	Visina
Kaart	Karta
Kracht	Snaga
Laarzen	Čizme
Letsel	Ozljeda
Nieuwsgierigheid	Znatiželja
Opleiding	Obuka
Smal	Suziti
Stabiliteit	Stabilnost
Terrein	Teren
Uitdagingen	Izazovi
Wandelen	Pješačenje

Koffie
Kava

Aroma	Aroma
Beker	Šalica
Bitter	Gorak
Cafeïne	Kofein
Drank	Piće
Filter	Filtar
Geroosterd	Pržena
Malen	Samljeti
Melk	Mlijeko
Ochtend	Jutro
Oorsprong	Podrijetlo
Prijs	Cijena
Room	Krema
Smaak	Okus
Suiker	Šećer
Variëteit	Raznolikost
Vloeistof	Tekućina
Water	Voda
Zuur	Kiselo
Zwart	Crna

Kracht en Zwaartekracht
Snaga i Gravitacija

Afstand	Udaljenost
As	Os
Baan	Orbita
Beweging	Pokret
Centrum	Centar
Druk	Pritisak
Dynamisch	Dinamičan
Eigendommen	Svojstva
Gewicht	Težina
Impact	Udarac
Magnetisme	Magnetizam
Mechanica	Mehanika
Natuurkunde	Fizika
Ontdekking	Otkriće
Planeten	Planete
Snelheid	Brzina
Tijd	Vrijeme
Uitbreiding	Proširenje
Universeel	Univerzalan
Wrijving	Trenje

Landen #1
Zemlje № 1

België	Belgija
Brazilië	Brazil
Cambodja	Kambodža
Canada	Kanada
Chili	Čile
Duitsland	Njemačka
Egypte	Egipat
Irak	Irak
Israël	Izrael
Italië	Italija
Letland	Latvija
Libië	Libija
Marokko	Maroko
Nicaragua	Nikaragva
Noorwegen	Norveška
Panama	Panama
Polen	Poljska
Roemenië	Rumunjska
Senegal	Senegal
Spanje	Španjolska

Landen #2
Zemlje № 2

Denemarken	Danska
Ethiopië	Etiopija
Frankrijk	Francuska
Griekenland	Grčka
Ierland	Irska
Indonesië	Indonezija
Japan	Japan
Kenia	Kenija
Laos	Laos
Libanon	Libanon
Liberia	Liberija
Maleisië	Malezija
Mexico	Meksiko
Nepal	Nepal
Nigeria	Nigerija
Oeganda	Uganda
Oekraïne	Ukrajina
Rusland	Rusija
Somalië	Somalija
Syrië	Sirija

Landschappen
Krajolici

Berg	Planina
Eiland	Otok
Geiser	Gejzir
Gletsjer	Ledenjak
Grot	Špilja
Heuvel	Brdo
Ijsberg	Ledena
Meer	Jezero
Moeras	Močvara
Oase	Oaza
Oceaan	Ocean
Rivier	Rijeka
Schiereiland	Poluotok
Strand	Plaža
Toendra	Tundra
Vallei	Dolina
Vulkaan	Vulkan
Waterval	Vodopad
Woestijn	Pustinja
Zee	More

Literatuur
Književnost

Analogie	Analogija
Analyse	Analiza
Anekdote	Anegdota
Auteur	Autor
Biografie	Biografija
Conclusie	Zaključak
Dialoog	Dijalog
Fictie	Fikcija
Gedicht	Pjesma
Mening	Mišljenje
Metafoor	Metafora
Poëtisch	Pjesnički
Rijm	Rima
Ritme	Ritam
Roman	Roman
Stijl	Stil
Thema	Tema
Tragedie	Tragedija
Vergelijking	Usporedba
Verteller	Pripovjedač

Meditatie
Meditacija

Aandacht	Pažnja
Aanvaarding	Prihvaćanje
Ademhaling	Disanje
Beweging	Pokret
Dankbaarheid	Zahvalnost
Emoties	Emocije
Gedachten	Misli
Geluk	Sreća
Helderheid	Jasnoća
Houding	Držanje
Mededogen	Suosjećanje
Mentaal	Mentalno
Muziek	Glazba
Natuur	Priroda
Observatie	Promatranje
Perspectief	Perspektiva
Stilte	Tišina
Vrede	Mir
Vriendelijkheid	Ljubaznost
Wakker	Budan

Meer Informatie
Znanstvena Fantastika

Bioscoop	Kino
Boeken	Knjige
Brand	Vatra
Denkbeeldig	Zamišljen
Dystopie	Distopija
Explosie	Eksplozija
Extreem	Krajnost
Fantastisch	Fantastičan
Futuristisch	Futuristički
Illusie	Iluzija
Mysterieus	Tajanstveni
Orakel	Proročište
Planeet	Planeta
Realistisch	Realno
Robots	Roboti
Scenario	Scenarij
Sterrenstelsel	Galaksija
Technologie	Tehnologija
Utopie	Utopija
Wereld	Svijet

Menselijk Lichaam
Ljudsko Tijelo

Been	Noga
Bloed	Krv
Elleboog	Lakat
Enkel	Gležanj
Hand	Ruka
Hart	Srce
Hersenen	Mozak
Hoofd	Glava
Huid	Koža
Kaak	Čeljust
Kin	Brada
Knie	Koljeno
Maag	Želudac
Mond	Usta
Nek	Vrat
Neus	Nos
Oor	Uho
Schouder	Rame
Tong	Jezik
Vinger	Prst

Metingen
Mjerenja

Breedte	Širina
Byte	Bajt
Centimeter	Centimetar
Decimaal	Decimala
Diepte	Dubina
Gewicht	Težina
Graad	Stupanj
Gram	Gram
Hoogte	Visina
Inch	Inč
Kilogram	Kilogram
Kilometer	Kilometar
Lengte	Dužina
Liter	Litra
Massa	Masa
Meter	Metar
Minuut	Minuta
Ons	Unca
Ton	Tona
Volume	Volumen

Muziek
Glazba, Muzika

Album	Album
Ballade	Balada
Harmonie	Sklad
Improviseren	Improvizirati
Instrument	Instrument
Klassiek	Klasični
Koor	Zbor
Lyrisch	Lirski
Melodie	Melodija
Microfoon	Mikrofon
Muzikaal	Mjuzikl
Muzikant	Glazbenik
Opera	Opera
Opname	Snimanje
Poëtisch	Pjesnički
Ritme	Ritam
Ritmisch	Ritmičan
Tempo	Tempo
Zanger	Pjevač
Zingen	Pjevati

Muziekinstrumenten
Glazbeni Instrumenti

Banjo	Bendžo
Cello	Violončelo
Fagot	Fagot
Fluit	Flauta
Gitaar	Gitara
Gong	Gong
Harp	Harfa
Hobo	Oboa
Klarinet	Klarinet
Mandoline	Mandolina
Marimba	Marimba
Mondharmonica	Harmonika
Percussie	Udaraljke
Piano	Klavir
Saxofoon	Saksofon
Tamboerijn	Tamburaški
Trombone	Trombon
Trommel	Bubanj
Trompet	Truba
Viool	Violina

Mythologie
Mitologija

Archetype	Arhetip
Bliksem	Munja
Creatie	Stvaranje
Cultuur	Kultura
Donder	Grmljavina
Doolhof	Labirint
Gedrag	Ponašanje
Held	Junak
Heldin	Junakinja
Hemel	Nebo
Jaloezie	Ljubomora
Kracht	Snaga
Krijger	Ratnik
Legende	Legenda
Monster	Čudovište
Onsterfelijkheid	Besmrtnost
Ramp	Katastrofa
Sterfelijk	Smrtnik
Wezen	Stvorenje
Wraak	Osveta

Natuur
Priroda

Arctisch	Arktik
Bergen	Planine
Bijen	Pčele
Bos	Šuma
Dieren	Životinje
Dynamisch	Dinamičan
Erosie	Erozija
Gebladerte	Lišće
Gletsjer	Ledenjak
Heiligdom	Svetište
Mist	Magla
Rivier	Rijeka
Schoonheid	Ljepota
Schuilplaats	Sklonište
Sereen	Spokojan
Tropisch	Tropski
Vitaal	Bitan
Wild	Divlji
Woestijn	Pustinja
Wolken	Oblaci

Natuurkunde
Fizika

Atoom	Atom
Chaos	Kaos
Chemisch	Kemijski
Deeltje	Čestica
Dichtheid	Gustoća
Elektron	Elektron
Experiment	Eksperiment
Formule	Formula
Frequentie	Frekvencija
Gas	Plin
Magnetisme	Magnetizam
Massa	Masa
Mechanica	Mehanika
Molecuul	Molekula
Motor	Motor
Relativiteit	Relativnost
Snelheid	Brzina
Universeel	Univerzalan
Versnelling	Ubrzanje
Zwaartekracht	Gravitacija

Oceaan
Ocean

Aal	Jegulja
Algen	Alge
Boot	Čamac
Dolfijn	Dupin
Garnaal	Škampi
Getijden	Plime
Haai	Morski Pas
Koraal	Koralja
Krab	Rak
Kwal	Meduza
Octopus	Hobotnica
Oester	Kamenica
Rif	Greben
Schildpad	Kornjača
Spons	Spužva
Storm	Oluja
Tonijn	Tuna
Vis	Riba
Walvis	Kit
Zout	Sol

Opwarming van de Aarde
Globalno Zagrijavanje

Aandacht	Pažnja
Arctisch	Arktik
Crisis	Kriza
Energie	Energija
Gas	Plin
Gegevens	Podaci
Generaties	Generacije
Gevolgen	Posljedice
Industrie	Industrija
Internationaal	Međunarodni
Klimaat	Klima
Mensen	Ljudi
Milieu	Ekološki
Nu	Sada
Ontwikkeling	Razvoj
Regering	Vlada
Temperaturen	Temperature
Toekomst	Budućnost
Wetenschapper	Znanstvenik
Wetgeving	Zakonodavstvo

Overheid
Vlada

Burgerschap	Državljanstvo
Civiel	Građanski
Democratie	Demokracija
Discussie	Rasprava
Gelijkheid	Jednakost
Gerechtelijk	Sudski
Gerechtigheid	Pravda
Grondwet	Ustav
Leider	Vođa
Monument	Spomenik
Natie	Narod
Politiek	Politika
Rechten	Prava
Rustig	Mirno
Staat	Država
Symbool	Simbol
Toespraak	Govor
Vrijheid	Sloboda
Wet	Zakon
Wijk	Okrug

Psychologie
Psihologija

Beoordeling	Procjena
Bewusteloos	Nesvjesno
Cognitie	Spoznaja
Conflict	Sukob
Dromen	Snovi
Ego	Ego
Emoties	Emocije
Ervaringen	Iskustva
Gedachten	Misli
Gedrag	Ponašanje
Gevoel	Osjećaj
Herinneringen	Sjećanja
Invloed	Utjecaji
Jeugd	Djetinjstvo
Klinisch	Klinički
Perceptie	Percepcija
Persoonlijkheid	Osobnost
Probleem	Problem
Realiteit	Stvarnost
Therapie	Terapija

Regenwoud
Prašuma

Amfibieën	Vodozemci
Behoud	Očuvanje
Botanisch	Botanički
Diversiteit	Raznolikost
Gemeenschap	Zajednica
Inheems	Autohtono
Insecten	Kukci
Jungle	Džungla
Klimaat	Klima
Mos	Mahovina
Natuur	Priroda
Overleving	Opstanak
Respect	Poštovanje
Restauratie	Obnova
Soort	Vrsta
Toevlucht	Utočište
Vogels	Ptice
Waardevol	Vrijedan
Wolken	Oblaci
Zoogdieren	Sisavci

Restaurant #1
Restoran Broj 1

Allergie	Alergija
Bord	Tanjur
Brood	Kruh
Eten	Jesti
Ingrediënten	Sastojci
Kassier	Blagajnik
Keuken	Kuhinja
Kip	Piletina
Koffie	Kava
Kom	Zdjela
Menu	Jelovnik
Mes	Nož
Pittig	Akutni
Reservering	Rezervacija
Saus	Umak
Serveerster	Konobarica
Servet	Ubrus
Toetje	Desert
Vlees	Meso
Voedsel	Hrana

Restaurant #2
Restoran Broj 2

Cake	Torta
Diner	Večera
Drank	Piće
Eieren	Jaja
Fruit	Voće
Groente	Povrće
Heerlijk	Ukusno
Ijs	Led
Lepel	Žlica
Lunch	Ručak
Noedels	Rezanci
Ober	Konobar
Salade	Salata
Soep	Juha
Specerijen	Začini
Stoel	Stolica
Vis	Riba
Vork	Vilica
Water	Voda
Zout	Sol

Rijden
Vožnja

Auto	Automobil
Brandstof	Gorivo
Garage	Garaža
Gas	Plin
Gevaar	Opasnost
Kaart	Karta
Licentie	Licenca
Motor	Motor
Motorfiets	Motocikl
Ongeluk	Nesreća
Politie	Policija
Remmen	Kočnice
Snelheid	Brzina
Straat	Ulica
Tunnel	Tunel
Veiligheid	Sigurnost
Verkeer	Promet
Voetganger	Pješak
Vrachtauto	Kamion
Weg	Cesta

Schaken
Šah

Diagonaal	Dijagonala
Kampioen	Prvak
Koning	Kralj
Koningin	Kraljica
Leren	Učiti
Offer	Žrtvovati
Passief	Pasivno
Punten	Točke
Reglement	Pravila
Slim	Pametan
Spel	Igra
Speler	Igrač
Strategie	Strategija
Tegenstander	Protivnik
Tijd	Vrijeme
Toernooi	Turnir
Uitdagingen	Izazovi
Wedstrijd	Natjecanje
Wit	Bijeli
Zwart	Crna

Schoonheid
Ljepota

Charme	Šarm
Cosmetica	Kozmetika
Diensten	Usluge
Elegant	Elegantan
Elegantie	Elegancija
Fotogeniek	Fotogeničan
Genade	Milost
Geur	Miris
Huid	Koža
Kleur	Boja
Krullen	Kovrče
Lippenstift	Ruž
Mascara	Maskara
Oliën	Ulja
Producten	Proizvodi
Schaar	Škare
Shampoo	Šampon
Spiegel	Ogledalo
Stilist	Stilist
Verzinnen	Šminka

Specerijen
Začini

Anijs	Anis
Bitter	Gorak
Fenegriek	Piskavica
Gember	Đumbir
Kaneel	Cimet
Kardemom	Kardamom
Kerrie	Curry
Knoflook	Češnjak
Komijn	Kumin
Koriander	Korijander
Kurkuma	Kurkuma
Paprika	Paprika
Peper	Papar
Saffraan	Šafran
Smaak	Okus
Ui	Luk
Vanille	Vanilija
Venkel	Komorač
Zoet	Slatko
Zout	Sol

Stad
Grad

Apotheek	Ljekarna
Bakkerij	Pekara
Bank	Banka
Bibliotheek	Knjižnica
Bioscoop	Kino
Bloemist	Cvjećar
Boekhandel	Knjižara
Dierentuin	Zoološki Vrt
Galerij	Galerija
Hotel	Hotel
Kliniek	Klinika
Luchthaven	Zračna Luka
Markt	Tržište
Museum	Muzej
School	Škola
Stadion	Stadion
Supermarkt	Supermarket
Theater	Kazalište
Universiteit	Sveučilište
Winkel	Pohraniti

Strand
Plaža

Blauw	Plava
Boot	Čamac
Dok	Pristanište
Eiland	Otok
Handdoek	Ručnik
Krab	Rak
Kust	Obala
Lagune	Laguna
Oceaan	Ocean
Paraplu	Kišobran
Rif	Greben
Sandalen	Sandale
Schelpen	Školjke
Vakantie	Odmor
Zand	Pijesak
Zee	More
Zeilboot	Jedrilica
Zon	Sunce
Zwemmen	Plivati

Tijd
Vrijeme

Dag	Dan
Decennium	Desetljeće
Eeuw	Stoljeće
Gisteren	Jučer
Jaar	Godina
Jaarlijks	Godišnji
Kalender	Kalendar
Klok	Sat
Maand	Mjesec
Middag	Podne
Minuut	Minuta
Morgen	Sutra
Na	Nakon
Nacht	Noć
Nu	Sada
Ochtend	Jutro
Toekomst	Budućnost
Vandaag	Danas
Vroeg	Rano
Week	Tjedan

Tuin
Vrt

Bank	Klupa
Bloem	Cvijet
Boom	Drvo
Boomgaard	Voćnjak
Garage	Garaža
Gazon	Travnjak
Gras	Trava
Hangmat	Viseća
Hark	Grablje
Hek	Ograda
Onkruid	Korov
Rotsen	Stijene
Schop	Lopata
Slang	Crijevo
Struik	Grm
Terras	Terasa
Trampoline	Trampolin
Tuin	Vrt
Vijver	Ribnjak
Wijnstok	Loza

Tuinieren
Vrtlarstvo

Blad	List
Bloemen	Cvjetni
Bloesem	Cvijet
Bodem	Tlo
Boeket	Buket
Boomgaard	Voćnjak
Botanisch	Botanički
Compost	Kompost
Container	Kontejner
Eetbaar	Jestivo
Exotisch	Egzotično
Gebladerte	Lišće
Klimaat	Klima
Seizoensgebonden	Sezonski
Slang	Crijevo
Soort	Vrsta
Vocht	Vlaga
Vuil	Prljavština
Water	Voda
Zaden	Sjemenke

Universum
Svemir

Asteroïde	Asteroid
Astronomie	Astronomija
Astronoom	Astronom
Atmosfeer	Atmosfera
Baan	Orbita
Breedtegraad	Širina
Dierenriem	Zodijak
Duisternis	Tama
Evenaar	Ekvator
Halfrond	Hemisfera
Hemel	Nebo
Horizon	Horizont
Kantelen	Nagib
Kosmisch	Kozmički
Lengtegraad	Dužina
Maan	Mjesec
Sterrenstelsel	Galaksija
Telescoop	Teleskop
Zichtbaar	Vidljiv
Zonnewende	Solsticij

Vakantie #2
Odmor № 2

Bestemming	Odredište
Buitenlander	Stranac
Buitenlands	Strani
Eiland	Otok
Hotel	Hotel
Kaart	Karta
Kamperen	Kampiranje
Luchthaven	Zračna Luka
Paspoort	Putovnica
Reis	Putovanje
Reserveringen	Rezervacije
Restaurant	Restoran
Strand	Plaža
Taxi	Taksi
Tent	Šator
Trein	Vlak
Vakantie	Odmor
Vervoer	Prijevoz
Visum	Viza
Zee	More

Vliegtuigen
Zrakoplovi

Afdaling	Silazak
Atmosfeer	Atmosfera
Avontuur	Avantura
Ballon	Balon
Bemanning	Posada
Bouw	Izgradnja
Brandstof	Gorivo
Geschiedenis	Povijest
Hemel	Nebo
Hoogte	Visina
Landen	Slijetanje
Lucht	Zrak
Motor	Motor
Ontwerp	Dizajn
Passagier	Putnik
Piloot	Pilot
Propellers	Propeleri
Richting	Smjer
Turbulentie	Turbulencija
Waterstof	Vodik

Voeding
Prehrana

Bitter	Gorak
Calorieën	Kalorije
Dieet	Dijeta
Eetbaar	Jestivo
Eetlust	Apetit
Eiwitten	Proteini
Evenwichtig	Uravnotežen
Fermentatie	Vrenje
Gewicht	Težina
Gezond	Zdrav
Gezondheid	Zdravlje
Kwaliteit	Kvaliteta
Saus	Umak
Smaak	Okus
Specerijen	Začini
Spijsvertering	Probava
Toxine	Toksin
Vitamine	Vitamin
Vloeistoffen	Tekućine
Voedingsstof	Hranljiv

Voertuigen
Vozila

Ambulance	Hitna Pomoć
Auto	Automobil
Banden	Gume
Bestelwagen	Kombi
Boot	Čamac
Bus	Autobus
Caravan	Karavan
Fiets	Bicikl
Helikopter	Helikopter
Motor	Motor
Onderzeeër	Podmornica
Raket	Raketa
Scooter	Skuter
Taxi	Taksi
Tractor	Traktor
Trein	Vlak
Veerboot	Trajekt
Vliegtuig	Zrakoplov
Vlot	Splav
Vrachtauto	Kamion

Vogels
Ptice

Duif	Golub
Eend	Patka
Ei	Jaje
Flamingo	Flamingo
Gans	Guska
Kip	Piletina
Koekoek	Kukavica
Kraai	Vrana
Meeuw	Galeb
Mus	Vrabac
Ooievaar	Roda
Papegaai	Papiga
Pauw	Paun
Pelikaan	Pelikan
Pinguïn	Pingvin
Reiger	Čaplja
Struisvogel	Noj
Toekan	Toucan
Uil	Sova
Zwaan	Labud

Wandelen
Planinarenje

Berg	Planina
Dieren	Životinje
Gevaren	Opasnosti
Kaart	Karta
Kamperen	Kampiranje
Klif	Litica
Klimaat	Klima
Laarzen	Čizme
Moe	Umorni
Muggen	Komarci
Natuur	Priroda
Oriëntatie	Orijentacija
Parken	Parkovi
Stenen	Kamenje
Voorbereiding	Priprema
Water	Voda
Weer	Vrijeme
Wild	Divlji
Zon	Sunce
Zwaar	Teška

Weersomstandigheden
Vrijeme

Atmosfeer	Atmosfera
Bliksem	Munja
Donder	Grmljavina
Droog	Suho
Droogte	Suša
Hemel	Nebo
Ijs	Led
Klimaat	Klima
Mist	Magla
Moesson	Monsun
Orkaan	Uragan
Overstroming	Poplava
Polair	Polarni
Regenboog	Duga
Storm	Oluja
Temperatuur	Temperatura
Tornado	Tornado
Tropisch	Tropski
Wind	Vjetar
Wolk	Oblak

Wetenschap
Znanost

Atoom	Atom
Chemisch	Kemijski
Deeltjes	Čestice
Evolutie	Evolucija
Experiment	Eksperiment
Feit	Činjenica
Fossiel	Fosil
Gegevens	Podaci
Hypothese	Hipoteza
Klimaat	Klima
Laboratorium	Laboratorij
Methode	Metoda
Mineralen	Minerali
Moleculen	Molekule
Natuur	Priroda
Natuurkunde	Fizika
Observatie	Promatranje
Organisme	Organizam
Wetenschapper	Znanstvenik
Zwaartekracht	Gravitacija

Wetenschappelijke Discip
Znanstvene Discipline

Anatomie	Anatomija
Archeologie	Arheologija
Astronomie	Astronomija
Biochemie	Biokemija
Biologie	Biologija
Chemie	Kemija
Ecologie	Ekologija
Fysiologie	Fiziologija
Geologie	Geologija
Immunologie	Imunologija
Mechanica	Mehanika
Meteorologie	Meteorologija
Mineralogie	Mineralogija
Neurologie	Neurologija
Plantkunde	Botanika
Psychologie	Psihologija
Robotica	Robotika
Sociologie	Sociologija
Thermodynamica	Termodinamika
Voeding	Ishrana

Wiskunde

Matematika

Decimaal	Decimala
Diameter	Promjer
Divisie	Podjela
Driehoek	Trokut
Exponent	Eksponent
Fractie	Frakcija
Geometrie	Geometrija
Hoeken	Kutovi
Loodrecht	Okomica
Omtrek	Opseg
Parallel	Paralelno
Parallellogram	Paralelogram
Rechthoek	Pravokutnik
Rekenkundig	Aritmetika
Som	Suma
Symmetrie	Simetrija
Veelhoek	Poligon
Vergelijking	Jednadžba
Vierkant	Kvadrat
Volume	Volumen

Zakelijk

Poslovanje

Bedrijf	Tvrtka
Begroting	Proračun
Belastingen	Porezi
Carrière	Karijera
Economie	Ekonomija
Fabriek	Tvornica
Financiën	Financije
Geld	Novac
Inkomen	Prihod
Investering	Ulaganje
Kantoor	Ured
Korting	Popust
Kosten	Trošak
Transactie	Transakcija
Valuta	Valuta
Verkoop	Prodaja
Werkgever	Poslodavac
Werknemer	Zaposlenik
Winkel	Dućan
Winst	Dobit

Ziekte

Bolesti

Acuut	Akutan
Ademhaling	Dišni
Allergieën	Alergije
Bacterieel	Bakterijski
Besmettelijk	Zarazan
Botten	Kosti
Chronisch	Kroničan
Erfelijk	Nasljedno
Genetisch	Genetski
Gezondheid	Zdravlje
Hart	Srce
Immuniteit	Imunitet
Lichaam	Tijelo
Neuropathie	Neuropatija
Ontsteking	Upala
Sinus	Sinus
Syndroom	Sindrom
Therapie	Terapija
Ziekteverwekkers	Patogena
Zwak	Slab

Zoogdieren

Sisavci

Aap	Majmun
Bever	Dabar
Coyote	Kojot
Dolfijn	Dupin
Ezel	Magarac
Geit	Koza
Giraf	Žirafa
Gorilla	Gorila
Hond	Pas
Kameel	Deva
Kangoeroe	Klokan
Kat	Mačka
Konijn	Zec
Leeuw	Lav
Olifant	Slon
Paard	Konj
Stier	Bik
Vos	Lisica
Walvis	Kit
Wolf	Vuk

Gefeliciteerd

Je hebt het gehaald!

We hopen dat u net zoveel plezier beleeft aan dit boek als wij aan het maken ervan. We doen ons best om spellen van hoge kwaliteit te maken.
Deze puzzels zijn op een slimme manier ontworpen zodat je actief kunt leren terwijl je plezier hebt!

Vond je ze mooi?

Een Eenvoudig Verzoek

Onze boeken bestaan dankzij de recensies die zij publiceren.
Kunt u ons helpen door nu een mening achter te laten ?

Hier is een korte link die u naar uw
bestellingen beoordelingspagina.

BestBooksActivity.com/Recensie50

FINAAL UITDAGING!

Uitdaging nr. 1

Klaar voor uw bonusspel? We gebruiken ze de hele tijd, maar ze zijn niet zo gemakkelijk te vinden. Hier zijn **Synoniemen!**

Noteer 5 woorden die je ontdekt hebt in elk van de onderstaande puzzels (nr. 21, nr. 36, nr. 76) en probeer voor elk woord 2 synoniemen te vinden.

Notitie 5 Woorden uit ***Puzzle 21***

Woorden	Synoniem 1	Synoniem 2

Notitie 5 Woorden uit ***Puzzle 36***

Woorden	Synoniem 1	Synoniem 2

Notitie 5 Woorden uit ***Puzzle 76***

Woorden	Synoniem 1	Synoniem 2

Uitdaging nr. 2

Nu je opgewarmd bent, noteer 5 woorden die je ontdekt hebt in elke hieronder genoteerde puzzel (nr. 9, nr. 17, nr. 25) en probeer voor elk woord 2 antoniemen te vinden. Hoeveel regels kan je doen in 20 minuten?

Notitie 5 Woorden uit ***Puzzle 9***

Woorden	Antoniem 1	Antoniem 2

Notitie 5 Woorden uit ***Puzzle 17***

Woorden	Antoniem 1	Antoniem 2

Notitie 5 Woorden uit ***Puzzle 25***

Woorden	Antoniem 1	Antoniem 2

Uitdaging nr. 3

Prachtig, deze finaal uitdaging  is makkelijk voor jou!

Klaar voor de laatste? Kies je 10 favoriete woorden die je in een van de puzzels hebt ontdekt en noteer ze hieronder.

1.	6.
2.	7.
3.	8.
4.	9.
5.	10.

De uitdaging is nu om met deze woorden en binnen een maximum van zes zinnen een tekst te schrijven over een persoon, dier of plaats waar je van houdt!

Tip: U kunt de laatste blanco pagina van dit boek als kladblaadje gebruiken!

Je schrijven:

NOTITIEBOEKJE:

TOT SNEL!

Linguas Classics

www.ingramcontent.com/pod-product-compliance
Lightning Source LLC
Chambersburg PA
CBHW081712120626
46550CB00010B/3102
* 9 7 9 8 8 9 6 7 0 3 8 2 2 *